公共文化服务的发展与建设探究

张 琳◎著

吉林文史出版社

图书在版编目（CIP）数据

公共文化服务的发展与建设探究／张琳著 . -- 长春：吉林文史出版社，2023.4

ISBN 978-7-5472-9368-3

Ⅰ.①公… Ⅱ.①张… Ⅲ.①公共管理-文化工作-研究-中国 Ⅳ.①G124

中国国家版本馆 CIP 数据核字（2023）第 074745 号

GONGGONG WENHUA FUWU DE FAZHAN YU JIANSHE TANJIU

书　　名	公共文化服务的发展与建设探究
作　　者	张　琳
责任编辑	张　蕊
出版发行	吉林文史出版社有限责任公司
地　　址	长春市福祉大路 5788 号
网　　址	www.jlws.com.cn
印　　刷	北京四海锦诚印刷技术有限公司
开　　本	185 毫米×260 毫米　1/16
印　　张	10.75
字　　数	242 千字
版　　次	2023 年 2 月第 1 版　2023 年 2 月第 1 次印刷
定　　价	52.00 元
书　　号	ISBN 978-7-5472-9368-3

前言

公共文化服务是丰富人民群众精神文化生活、传承中华优秀传统文化、弘扬社会主义核心价值观、增强文化自信、促进中国特色社会主义文化繁荣发展、提高全民族文明素质的重要方式。推进公共文化服务高质量发展与创新建设，是社会主义先进文化建设的基本内容和要求，是文化领域贯彻落实高质量发展国家战略的必然之举，也是全面建成现代公共文化服务体系的路径选择，更是提升国家文化软实力、切实保障与满足人民群众美好生活新期待的新时代使命。

鉴于此，全书以"公共文化服务的发展与建设探究"为选题，共设置了以下六章内容：第一章是对公共文化服务的初步认知，阐述公共文化服务的概念及特点、公共文化服务的内容范畴、公共文化服务体系的主体、公共文化服务的研究进展；第二章解读公共文化服务标准体系实施与设计，内容包括公共文化服务标准体系的基本理论、公共文化服务标准体系的实施模式、公共文化服务标准体系的实施路径、公共文化服务标准体系的设计思考；第三章论述"互联网+"与公共文化服务发展，内容涉及"互联网+"与公共文化服务概述、"互联网+"推动公共文化服务转变、"互联网+"公共文化服务供给模式、"互联网+"公共文化服务发展策略；第四章分析公共文化服务与群众文化活动建设，内容涵盖群众文化的内涵与建设形态、公共文化服务体系下的群众文化、群众文化工作开展与活动策划管理、群众文化活动创新发展的思考与实践；第五章探索图书馆参与公共文化服务体系建设创新，内容包括图书馆发展及职能演化分析、公共文化服务体系中图书馆的重要性、图书馆参与公共文化服务的创新策略、智慧图书馆公共文化服务平台建设实践；第六章通过科技创新推动公共文化服务建设研究，论述科技创新与公共文化服务建设的关系、科技创新对公共文化服务建设的作用、科技创新推动公共文化服务建设的对策、科技创新助推我国文化发展新格局。

本书体系完整、层次清晰，借助通俗易懂的语言、系统明了的结构，全面地介绍了公共文化服务的相关理论、标准体系、创新建设。紧跟时代发展，满足用户不断更新的需求，利用科学技术，进一步推动公共文化服务的发展。本书可供从事公共文化服务管理与文化活动建设的职能部门领导者、工作人员，或高校师生和广大知识爱好者阅读使用，有一定的参考价值。

　　笔者在撰写本书的过程中，得到了许多专家、学者的帮助和指导，在此表示诚挚的谢意。由于笔者水平有限，加之时间仓促，书中所涉及的内容难免有疏漏之处，希望各位读者多提宝贵意见，以便笔者进一步修改，使之更加完善。

目 录

第一章 对公共文化服务的初步认知

第一节 公共文化服务的概念及特点

一、公共文化服务的逻辑起点——文化权利理念

文化权利理念是公共文化服务的逻辑起点，探究文化权利的渊源和内涵，对于理解公共文化服务具有重要意义。

（一）文化的内涵阐释

1. 文化的本质

文化的发展离不开人类的参与，文化是人类与社会之间的分界线。文化属于人类的特性，具有种类的分别，不同种的文化显示了人们在智力、思维方式和价值观念、审美情绪上的不同。文化是人类精神世界和创造力的来源，也可以说明在进行精神活动时，人会受到社会的制约和文化延续性的影响。

文化的产生离不开人，与此同时，文化会受到固定形态下的人的影响，人为了适应以及改变自己所处的环境，会通过主动或间接的方式影响文化的产生。

2. 文化的特性

文化进步的特性与时代特征不同。文化的时代性是所有文化的固有属性，时代的特征决定了文化的表现形式和内容。但是，文化的进步性则体现了文化在时代中的先进性，能够体现社会的发展，同时，这也是历史发展规律的表现。无论怎样的时代或者社会形态，尤其是社会处在变革时期，社会中存在多种文化，每种文化都具有时代特性，但是不是每种文化都是先进的。文化具有显著的阶级性，但是也存在部分无阶级性的内容，如风俗习惯和语言特点。究其原因：①人创造出文化，而人就是有阶级性的，阶级性会影响到人们的品质、爱好、感情和目的等，这些都会在文化中表现出来；②人文文化是社会文化和社会意识形态的重要组成部分，经济关系影响着人文文化的形成，而经济关系中阶级关系和

利益关系尤为重要，人文文化主要包括道德、哲学、政治学和法律等，这些内容可以直接或间接、公开或隐蔽地反映出阶级群体的利益。

3. 文化的功能

（1）创造功能。文化的形式是多种多样的，内在是复杂的。不同的社会文化有不同的性质。无论在何种阶级社会中只要文化占有主导地位，那么文化必然会有维护社会安定、延续社会存在的作用。

文化不同于人的生物遗传延续，文化属于社会遗传。文化的社会遗传方式决定了文化的发展必然会与社会制度相一致，从而达到维护社会稳定的目的。文化之所以会具备维护社会稳定的作用是因为虽然文化受到人精神的作用，但是文化以语言和其他的物质为载体，通过载体可以将个人意识和主观精神转变为社会意识和客观精神，进而形成独特的社会文化环境。每个人的生活环境都会受到社会阶级体系的主导，这种由环境产生的影响，对人的成长会产生至关重要的作用。

文化会在社会中形成强有力的制约，处在文化圈层中的人因为长时间受到文化的熏陶。会对环境产生依赖和习惯，感受不到制约的力量，但是一旦脱离这种习惯的氛围，产生对这种文化氛围对抗的想法，文化的约束比较就会显现出来，而且会被受文化影响和制约的人视为反叛者。因此，文化建设的主要目的是增加人类对自身文化的认同和归属，强化国家青年一代的文化认同。

（2）建设功能。社会主义市场经济的建设是符合社会主义发展需要的，是符合社会主义文化观念的，而且经济的建设对文化的建设有促进作用，在本质性质上都属于社会主义性质。文化的建设是建设成与社会主义制度相一致的文化。此外，文化形态与我国的经济政策、政治观念相吻合。

社会主义文化的建设应该以社会主义为基础，在经济建设中文化应该与经济建设相吻合，就我国的实际情况而言，社会主义经济的建设应该明确公有制的主体地位，通过公有制实现国家对经济市场的调节。社会主义市场经济的建设不可以只谈经济而脱离社会主义，社会主义经济的存在，必须依赖于社会制度，没有独立的、抽象的经济存在形式。社会主义国家实行社会主义市场经济。所以市场经济的建设必须与社会制度的性质相一致。

社会主义市场经济对市场有调控和制约作用，但是市场经济也有一定的自主性。社会主义文化的建设既可以有效促进市场经济的崛起，又可以有效解决市场经济的负面效应，我国社会主义文化建设和完善工作的关键在于坚决贯彻落实有关社会主义文化建设的具体方针和政策，坚决拥护党和领导对社会主义建设提出的要求，贯彻落实每一项政策。

市场经济条件下的文化建设，相比较传统的文化建设，有了积极的发展。市场经济对文化的推动给文化事业带来更多的资金；一定程度的物质利益可以带动人的主观能动性和积极性，激发人的创造潜能；一定程度的竞争可以促使优秀的人才和作品出现，打破以往的一视同仁；文化的组织化、产业化发展为文化提供了新的市场，发展对文化产品的交易和文化的传播有促进意义。市场经济对文化的参与，可以拉近文化与群众的距离，文化与大众的近距离接触，对经济的发展无疑是有益的，对于文化本身的传播而言也是不可多得的机遇。传统时代下，文化只发生在少数人的生活中；当今时代下，文化与大众亲密交流接触，为文化的普及和流传带来了新的方式。

在社会主义的文化建设过程中，要始终坚持文化建设的目标，也就是文化建设必须以中国特色的社会主义为基础，无论是我国社会的经济建设还是文化建设，都应该遵从中国特色社会主义的建设目标。中国特色社会主义是社会经济形态、政治形态、文化形态的统领。社会主义所推行的市场经济目的是为了促进经济的发展和建设，提高广大人民群众对经济的积极性、参与性和创造性，带动社会的生产，为社会主义的发展提供有力的保障。此外，经济的建设与是为了更早地实现社会的共同富裕，带领广大人民群众走在富裕幸福的道路之上。

4. 文化的发展

文化正向的发展成果是文明，文化发展的前进过程由人类文明的发展进步体现出来。换言之，文明反映着文化的内涵，文化的内涵也能够反映出人类文明的进步。文化是从社会结构角度出发而形成的概念。文化通过语言和其他的特定符号或者象征进行传播，包括人类在社会实践中形成的生活方式和行为规范以及不同的思想观念等。

文化是以观念的形式存在于人类文明之中。文化多种多样，文明是文化发展的正向结果，能够体现社会进步的阶段，能够衡量社会是否进步。国家和民族发展水平的高低可以根据文明发展的程度而判断，通过文明程度的高低还能够判断出这个社会是否重视文明的发展，社会进步是各方面共同作用的结果，文明则包括精神文明、制度文明和物质文明等。

文明是文化发展的正向结果，可以是精神方面，也可是物质方面的。文明通过传播可以被其他民族或者社会群体接受或者借用，精神文明从原生地传播到别的地方，其他地方的民族可以认同并接受这种思想观念。先进的技术和物质产品通过传播被其他民族所学习和应用，如中国的四大发明（指南针、印刷术、火药和造纸术）传播到世界各地，促进了世界科技的发展。

（二）权利

权利的概念在发展中变化，权利表示某种社会关系，与义务相对应。从法学上看，社会关系包括个人之间、个人与团体之间、团体之间的关系，既各自独立又相互依赖。自从有了人类社会，就有了权利义务关系。这是人类社会区别于动物群体的重要标志。权利义务为人们的利益和要求划设了界限，使人们既可获取，也要付出；既合作，又互不侵犯。因此，权利是个体人作为社会成员所享有的为社会制度所承认的利益、要求、资格、权能或自由。

（三）人权

人权是人之作为人所享有或应该享有的权利。它是一种新型的权利概念。享有充分的人权，是人类长期以来的追求。与权利相比，人权的特殊性在于以下三方面

第一，人权是一种普遍权利。即由一切人享有。人们享有人权所凭借的是作为人的一般资格。

第二，人权是一种道德权利。人权的根本支撑不是法律，而是道德准则。

第三，人权是一种反抗权利。

总之，人权的特性在于，它是作为人所享有或应该享有的权利，是不可剥夺、不可转让的。人权有很多种，涉及社会生活各个方面。按享有主体，包括个人人权和集体人权；按照内容，区分为公民权和政治权利、经济权利、社会权利、文化权利等方面权利。

（四）文化权利

"文化权利"属第二代人权范畴，并在第三代人权的理念下得到丰富和发展。从法律角度讲，文化权利作为一种人权，是人人都应当享有的一种基本权利。文化权利与经济权利、政治权利有着密切联系，又具有独立性。

文化权利的特性：①普遍性，公民普遍而平等地享有文化权利及由此带来的利益；②主体性，公民是独立的个体，有权参与文化活动，进行文化创造；③创造性，人的智慧是无穷的，不仅平等享受文化成果，而且还能进行文化创造；④个体属性和集体性的统一，文化权利不仅仅是公民个人的权利，在涉及文化身份的保持、文化传统的传承时带有集体的印迹，因此，文化权利既有个人属性又有集体属性。

当前我国公民的文化需求日益高涨，主体意识、权益意识逐渐增强。党和政府对于公民文化权利的实现更加关注，将其作为改善民生、全面建设社会主义现代化国家的重要内容。

二、公共文化服务的相关概念

公共文化服务是保障和实现公民基本文化权利的重要途径。政府要履行好组织和提供公共文化服务的职责，就必须弄清公共文化服务的边界，弄清其内涵、外延。

（一）公共文化服务的由来

公共文化服务与其他社会性公共服务一样，随着经济社会发展和人们各种需求的不断出现而不断增长。公共管理学的研究表明，在人均达到美元之前，政府提供的公共服务主要是维护性公共服务和经济性公共服务，社会性公共服务基本没有出现。

进入 20 世纪年代后，社会公共需求增长迅速，要求政府提供更多的公共产品。公民文化权利开始得到重视，文化在公众生活和国际竞争中地位迅速上升，文化发展逐渐受到各国政府的重视。公共文化管理由传统的管制型逐渐向服务型转变。

（二）公共文化服务的内涵

公共文化服务，就是文化领域的公共服务。广义的公共文化服务是由公共文化机构使用公共权力与公共资源，为满足公民基本文化需求而提供公共文化产品的行为及制度的总体，既包括公众本身所能享受到的公共文化产品，也包括政府进行管理和服务的系列行为。比如制定文化政策、开展市场监管等行为。狭义的公共文化服务是由政府或非营利组织为保障和实现公民基本文化权益，免费或低价向社会公众提供公共非竞争性、非排他性的公共文化产品和服务的行为，既包括满足公民基本文化需求的集体消费品，也包括维护国家文化安全、体现社会主流价值的保障性文化消费品；既包括物质性的公共文化设施，也包括具体的公共文化内容服务。具体包括以下内容。

第一，为确保文化身份和文化遗产传承而开展的文化遗产保护；为鼓励公民进行文化创造活动而给予的资助和扶持。

第二，图书馆、博物馆、文化馆（站、室）、剧场、科技馆、青少年宫、广播电台电视台等公共文化设施。

第三，为确保广大民众分享文明成果、获得信息、鉴赏文艺作品而开展的阅览服务、展览、收听收看广播电视节目服务。

第四，以激发创造力、愉悦身心为目的的培训服务。

第五，确保人民参与文化创造而组织开展的相关文化活动。

第六，免费或低价供公众欣赏的文化产品，比如图书、演出、电影等。

第七，针对弱势群体开展的保障性服务。如公共文化设施的残疾人保障设施、盲文阅读、手语服务，针对老年人、未成年人特点所提供的有针对性的服务，针对农民工这一群体提供的服务。

总之，公共文化服务的定义，是指由政府主导、社会力量参与，以满足公民基本文化需求为主要目的而提供的公共文化设施、文化产品、文化活动以及其他相关服务。另外，为使公民享受到丰富多样的文化产品和服务，政府所采取的制定政策、搭建产业发展平台，提供财政支持、加强人才队伍建设等内容都不是公共文化服务的内容。

（三）公民文化权利与公共文化服务

文化权利是公民与生俱来的权利。每个人都享有文化资源、享有相关的公共文化服务，而不受性别、身份、种族等因素制约。这就要求政府将人权平等和社会公平价值理念在公共文化领域进行延伸和体现，不偏不倚地为每一个公民提供公共文化服务，使其享有机会、内容和过程的公平。

为实现这些目标，就要积极推进公共文化服务的均等化，为文化民生的实现提供平等、自由、无障碍的发展平台，为公民个人全面发展创造条件。要充分尊重公民的主体地位，鼓励公民个人、企业和社会组织的参与，并为之创造条件。要满足其发展的基本需要，避免随意扩大公共文化服务的供给范围，随意变更供给的内容和形式。

总之，保障公民文化权利实现，是政府存在的合法性基础，是政府提供公共服务的重要内容。

（四）公共文化与公共文化服务

文化就是人类在社会历史发展过程中所创造的物质财富和精神财富的总和。公共文化即为社会成员所普遍分享的物质财富和精神财富的集合体。公共文化服务理念的提出与西方福利制度的发展和完善有着千丝万缕的关系。一方面，文化被视为与健康、教育、住房、收入等领域相关的可分配的资源之一，需要由代表国家的行政机构按照一定的方式进行配置；另一方面，福利制度或者说福利国家被作为调和发达资本主义社会问题、政治危机等结构性矛盾的有效途径。在这种背景下，公共文化服务作为配置社会文化产品和文化资源、满足社会成员文化需求的重要举措被各国政府所重视，进一步建立起了现代公共文化服务体系。

第一，公共文化服务与公共文化有着不可分割的、天然的血缘联系。公共文化是由社会大众普遍享有的物质财富和精神财富的集合体，相对于具体可见的文化产品和文化资源，公共文化更多的是内化于心的价值观念体系。一个成熟的社会必然拥有一个体系完整、享用普遍、相对固化的公共文化体系，而社会成员所接收的公共文化服务却具有多样化呈现的可能。公共文化服务不排斥地方性知识，而公共文化却集合了地方性知识中最普遍、最共性的部分。从这个意义上讲，公共文化服务是公共文化的具化物，其提供的各类公共文化产品和公共文化资源背后隐含的共性价值观念构成了公共文化之一端。

第二，公共文化与公共文化服务在语境上的指涉不同。无论是原始社会，还是阶级社会，公共文化始终为社会最普遍的成员所共享。而到了近代市民社会产生之后，这种特征就更为明显。公共文化服务以及因此而形成的公共文化服务体系，是国家或政府意志的体现，其产生虽然与社会大众对公民文化权利的觉醒直接相关，但事实上仍是一套行政举措或国家制度。

第三，最重要的一点是公共文化具有教化功能，对社会成员的心理活动、行为习惯、思维方式等具有明显且重要的影响。可以说不同社会里个人在心理活动、行为习惯、思维方式的区别主要是所接受的公共文化类型不同。而公共文化服务则是一种功能性的社会政策和制度，是满足社会成员文化需求的制度性工具，其对社会成员的教化作用和价值引领意义是通过其所提供的文化产品和文化资源以及对其所提供的文化产品和文化资源进行哪种方式的配置来进行的。

三、公共文化服务的特点

公共文化服务的目的是保障和实现公民基本文化权益、满足基本文化需求，主要是靠政府使用公共权力与公共资源提供的，在消费上也具有非竞争性和非排他性，因此也属于公共产品。

公共文化服务具有以下特点。

第一，基础性。人的年龄、性别不同，秉性、学识、经历不同，因此文化需求多种多样。人的文化需求是多样的，而公共文化服务是以公共权利和公共资源为保障，因此只能保基本，满足基本文化需求。超出部分只能通过市场途径获得。因此，公共文化服务具有基础性。

第二，公共性。公共服务与公共性紧密相连。作为公共物品，其首要特征就体现在它对于一个集体内每个成员而言，都有同等可得性，如将物品的效用扩展于他人，其成本为零，无法排除他人的共享。公共文化服务恰恰具有该特征。公共文化设施、设备等资源应该为全体社会成员共同拥有，每位公民都有权享受服务。对于社会成员而言，具有非排他性。

第三，公益性。政府提供公共文化服务的目的是为了弥补市场失灵，是以公共财政为支撑的，其出发点、依据和最终目的是为了维护广大公众的公共权益，体现的是全体社会成员的共同利益。因此，公共文化服务不同于经营性文化产业，是不以营利为目的的，要追求公共利益最大化，这是其本质特征。

第四，公平性。公平正义是在人类构建各种基本制度时所追求的最为重要的目标。政府提供公共文化服务的目的是保障人民文化权利。这就要求必须让每个公民享有公共文化服务，不仅仅是追求服务过程和结果的公平，还强调机会的公平。机会公平，主要体现在全社会成员都能享有公共文化服务。不论是在城市、农村，无论贫穷还是富有，无论是健康还是残疾，无论是成年人还是老年人、未成年人，都能享受到公共文化服务，也就是说其受众应该实现全覆盖。所谓服务过程和结果的公平，是指广大民众均能享有高效优质、均等的服务。这突出体现了社会平等的伦理要求。

第五，意识形态性。文化属于上层建筑，本身就具有意识形态属性，是维护国家政治稳定、文化安全的重要载体。公共文化服务在带给社会公众信息、知识和愉悦的同时，还常常传递着特定的思想文化主张、价值观，从而推动形成特定的公民政治文化。我国正在建设中国特色社会主义，推动中国梦的实现，培育对社会主义和核心价值体系和价值观的认同至关重要。通过公共文化服务，可以传播社会主义核心价值观，占领社会主义文化主阵地。

第六，便利性。公共文化服务是为广大公众提供的公共产品，应该是近距离的、经常性的服务，使人们随时随地能够方便获得。服务半径应该尽量小。因此应该发挥基层文化设施的作用。另外，还要充分运用互联网等高科技成果，提高资源供给效率。

第二节　公共文化服务的内容范畴

《国家基本公共服务标准（2021年版）》的发布，进一步明确了公共文化服务的内容范畴，涵盖了幼有所育、学有所教、劳有所得、病有所医、老有所养、住有所居、弱有所扶"七有"[1]，以及优军服务保障、文体服务保障"两个保障"，共9个方面、22大类、80个服务项目。每个项目均明确了服务对象、服务内容、服务标准、支出责任和牵头负责单位。[2]

目前，我国基本公共文化服务的内容范畴如下（图1-1）。

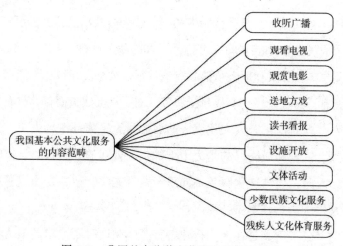

图1-1　我国基本公共文化服务的内容范畴

---

①幼有所育、学有所教、劳有所得、病有所医、老有所养、住有所居、弱有所扶。
②搜狐.《国家基本公共服务标准（2021年版）》出台，基本公共文化服务主要范围进一步明确. 2021.

第一，收听广播。收听广播通过直播卫星、无线模拟和数字声频等方式为全民提供广播节目和突发事件应急广播服务。

第二，观看电视。观看电视通过直播卫星、地面数字电视等途径为公民全面提供电视节目。

第三，观赏电影。为农村乡镇群众提供数字电影放映服务，为中小学生提供爱国教育影片放映服务。

第四，送地方戏。送地方戏采取政府采购的方式，让农村乡镇群众观看戏曲等文艺演出。

第五，读书看报。读书看报（图1-2）主要由公共图书馆、文化馆、社区文化服务中心、公共场所阅报栏或电子阅报屏等提供书刊借阅和信息服务。

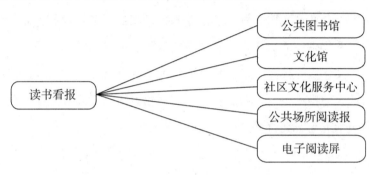

图1-2 读书看报

第六，设施开放。公共图书馆、文化馆（站）、公共博物馆（非文物建筑及遗址类）、公共美术馆等公共文化设施免费开放，提供健全的基本服务项目。

第七，文体活动。城乡居民依托村（社区）综合文化服务中心、文体广场、公园、健身路径等公共设施就近方便参加各类文体活动，各级文化馆（站）等开展文化艺术知识普及和培训，培养群众健康向上的文艺爱好。

第八，少数民族文化服务。针对地方特色发扬少数民族文化，组建综合性文化服务中心，深入发掘少数民族优秀传统文化内涵，开展内容健康、形式多样的群众文化活动，丰富群众精神文化生活。进一步发挥民族文艺宣传队（舞蹈队、腰鼓队、说唱队、健身球队等）作用，为少数民族文艺团队添置音响设备、活动器具、演出服装，通过排演民族文化节目、定期开展文艺宣传活动，促进各民族文化交流融合。

第九，残疾人文化体育服务。以满足残疾人日益增长的精神文化需求为目标，着力提高残疾人文体服务覆盖面和文体活动参与率，推动残疾人文体工作高质量发展。充分利用"全国助残日""国际残疾人日""残疾预防日"等残疾人事业重要节点和重大活动契机，组织开展形式多样主题宣传文化活动，动员社会更加关心关爱残疾人，帮助残疾人融入社会。社区及特教学校、残疾人康复中心、托养机构、残疾人之家等残疾人服务机构要把文体活动纳入日常工作范围，经常性开展活动，切实满足服务对象的精神文化需求。

随着文化事业的发展和公众精神文化需求的持续高涨，公共文化服务的内涵和外延将不断扩展，服务项目的数量和内容也将更加丰富。

第三节　公共文化服务体系的主体

公共文化服务体系有广、狭之分，广义是指政府及社会力量向公众提供公共文化产品和服务的系列行为及制度的总称，包括财政支持、文化设施网络、资源配置、产品供给、公共文化需求征询、公共文化服务评估、人才和技术支持等系统及相关政策制度等。狭义的公共文化服务体系仅指公共文化产品和服务的生产、提供诸环节，不包括制度建设、财政保障系统。公共文化服务体系的定义是，面向大众的公益性的文化服务体系。

在我国政府的大力推动下，公共文化服务体系建设得以迅猛发展。我国公共文化服务体系的主体主要包括五个方面（图1-3）。

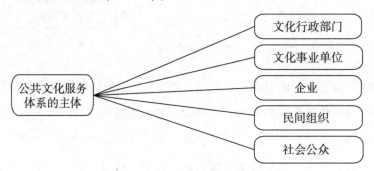

图1-3　公共文化服务体系的主体

第一，文化行政部门。文化行政部门是履行公共文化服务职责的政府部门，是公共文化服务体系建设的责任主体。在中央层面，文化和旅游部是在国务院领导下管理全国文化艺术事业的职能部门，负责制定文化艺术发展方针政策，起草相关法律法规草案，拟订文化艺术事业发展规划并组织实施，管理全国性重大文化活动和公共文化服务。在地方层面，各省、自治区、直辖市也设有文化厅、文化局，负责当地文化事业的发展与管理，落实中央的文化政策、方针与规划。

第二，文化事业单位。文化事业单位是提供公共文化服务的主体。例如中国艺术研究院（中国非物质文化遗产保护中心）、中国国家图书馆、故宫博物院、中国国家博物馆、中国文化报社、国家京剧院、中国国家话剧院、中国歌剧舞剧院等，都是文化和旅游部的

直属事业单位。

第三，企业。部分公共文化产品与服务可由企业生产和提供，政府向企业购买后再提供给用户。

第四，民间组织。公共文化服务的相关行业协会、专家团体等民间组织也是公共文化服务体系的重要组成部分，可以对公共文化服务进行第三方评价或者直接参与到公共文化服务的过程中来。

第五，社会公众。公共文化服务的实际享受者、消费者，理论上包括我国全体公民。

第四节 公共文化服务的研究进展

公共文化服务是公共服务的重要内容，以保障公民的基本文化生活权利为目的，包括公共文化服务设施、资源和服务内容，以及人才、资金、技术和政策保障机制等。近年来，我国公共文化服务已经取得了长足的发展，尤其是公共文化服务体系建设成效显著，整体性制度框架已经形成，公共文化设施网络服务水平均等化等方面得到进一步完善和提高。

一、巩固创建成果，完善服务体系

第一，建立健全公共文化设施网络，按国家一级馆标准迅速建设市图书馆新馆，加快市县乡村四级公共文化服务阵地建设，全面推广"门前三小"示范项目，实现公共文化阵地全覆盖。对公共图书馆、文化馆（站）功能布局进行创意性改造；鼓励在都市商圈、文化园区等区域引入社会力量，创新打造一批融合图书阅读、艺术展览、文化沙龙、轻食餐饮等服务的"城市书房""文化驿站"。

第二，推动市域间文化馆、剧院、图书馆、博物馆等公共文化服务资源共建共享。进一步发挥城市文化资源对县市区的辐射作用，鼓励各县市区联动开展公共文化服务，实现优势互补，推动形成区域服务联盟。加大对跨部门、跨行业、跨地域公共文化服务的整合力度，建立图书馆、博物馆、文化馆、群众文艺团体等行业联盟，开展馆际合作，实现公共文化机构互联互通。

第三，深化公共文化场馆总分馆制改革，加快公共文化场馆数字化建设，实现数字文化 5G 信息技术运用，做大、做强文旅云平台，为群众提供更加便捷的公共文化服务。

二、实现长效常态，健全服务机制

完善公共文化服务群众评价和反馈机制，建立健全服务质量检测体系，开展公共文化公众满意度测评工作，实现政府和公众的良性互动，有针对性地调整公共文化服务供给的内容、方式、方法。

第一，出台政府采购、社会参与政策。加大政府购买公共文化服务力度。采取政府采购、项目补贴、定向资助、贷款贴息等政策措施，加大对公共文化产品创作生产的扶持力度。举办全市公共文化产品和服务采购大会，建设线上线下相结合的交易平台，促进供需对接。鼓励利用多种方式，推动社会力量参与公共文化设施运营、活动项目打造、服务资源配送等。

第二，建立绩效评估标准。以国家、省公共文化服务设施建设、管理和服务标准为依据，以设施建设、资金投入、产品供给、服务效能等为主要指标，全面实施公共文化服务绩效评估，将服务基层情况和群众满意度作为重要考核指标。

第三，建立奖优罚劣制度。对于公共文化服务标准化建设成效突出，群众满意度高的县市区、乡镇（街道）、村（社区）、公共文化服务机构，采取"以奖代拨"的形式鼓励争先创优。建立公共文化服务管理、评估信息系统，把公众评价结果作为各级文化主管部门和各公共文化服务机构分类定级、年度考核、评先评优、人事任免的重要依据。

第四，建立评价制度。建立经常性的群众需求调研、征询机制，实现公共文化服务与群众需求的有效对接。建立群众参与公共文化服务质量、效果的评价机制，组织或委托"第三方评估"开展公共文化机构公众满意度调查测评，测评结果作为评估公共文化机构绩效的重要依据。通过测评，实现政府和公众的良性互动，有针对性地调整公共文化服务供给的内容、方式、方法。

三、文旅融合发展，广阔服务空间

坚持"宜融则融，能融尽融，以文促旅，以旅彰文"的原则，在市级层面坚持"文化+旅游"模式加强资源整合、促进协同发展。

第一，推动公共文化和旅游融合发展。开展公共文化场馆和景区游客服务中心互融互通试点，鼓励支持文化场馆推出面向公众的"文化创客空间""创意工作室""沉浸式体验馆"，推动经营性文化设施、非物质文化遗产传习场所和传统民俗文化活动场所向公众提供优惠或免费的公益性文化服务。

第二，全力打造文旅产业链。策划建设文旅产业项目，加快文化旅游产业链发展。城区重点发展工业旅游、城市休闲旅游和夜间旅游，以清水塘老工业区搬迁改造为契机，打造国内一流的工业博物馆和工业文化遗址公园。县一级全力推进全域旅游示范区，镇一级大力打造特色文旅小镇，村一级着力加快建设乡村旅游区点，形成重点突出、特色鲜明、亮点纷呈的文旅融合发展态势。

第三，精准策划文旅活动。打造本地特色的乡村文化旅游节会品牌以及主题特色文化旅游节会品牌，增强文化和旅游内在吸引力。

总之，推动公共文化服务高质量发展任重道远，我们要补短扬长，久久为功，为人民群众提供更高质量、更有效率、更加公平、更可持续的公共文化服务。

第二章 公共文化服务标准体系实施与设计

第一节 公共文化服务标准体系的基本理论

"公共文化服务标准体系的制定与实施是实现公共文化服务均等化的重要途径，是促进公共文化服务体系发展的关键。"[①] 标准化理论、文化社会学理论、新公共服务理论为我们探索公共文化服务标准体系提供了很好的借鉴和理论支撑。

一、标准化理论

标准是指为了在一定范围内获得最佳秩序，经协商一致制定并由公认机构批准，为各种活动或其结果提供规则、指南或特性，供共同使用和重复使用的一种文件。标准是以科学、技术和实践经验的综合成果为基础，以促进最佳社会效益为目的。

标准化是指在经济、技术、科学和管理等社会实践中，对重复性的事物和概念，通过制定、发布和实施标准达到统一，以获得最佳秩序和社会效益。标准化理论是人们从事标准化实践活动的科学总结和概括，它来源于各个行业领域的标准化实践，并接受实践的检验，反过来又作用于实践，指导人们的标准化活动。标准化理论的内涵很广，标准化的客观规律、标准系统的构成要素和运行规律、标准系统的外部联系、标准化活动的科学管理等都属于标准化理论关注的范畴。以标准化理论为指导，可以帮助我们更深刻地认识公共文化服务标准和标准化过程的本质，为公共文化服务标准体系的构建、修订与实施提供理论基础。

（一）标准化的原理

第一，有序原理。有序原理亦可称为熵减少原理，是指标准系统需要及时减少熵或者增加负熵，才能使标准系统不断向较高有序状态发展。

---

①邱均平等：《公共文化服务标准体系的基本理论问题研究》，载《重庆大学学报》（社会科学版）2015 年第 21 卷第 5 期，第 122 页。

第二，系统效应原理。系统效应原理是指标准系统的效应从组成该系统的标准集合中得到，并且超过了其中所有单个标准的个体效应的总和。

第三，结构优化原理。结构优化原理是指标准系统的结构与其功能密切相关，只有经过优化的系统结构才能使标准系统发挥较好的系统效应。

第四，反馈控制原理。反馈控制原理是指标准系统通过反馈控制机制来实现系统的发展与演化，系统的反馈控制能力决定了系统的发展状态。

这四个原理并非孤立地存在和发挥作用，而是互相依存、互相联系，构成一个理论整体。

（二）标准化的过程

每一项标准化活动，从实践经验的总结到经验的科学化、规范化和普及化（即标准的制定、实施与推广），实质上都是一个输入转化为输出的活动过程。标准化由最重要的三个活动子过程组成：标准的制定、标准的实施、标准实施的信息反馈。

标准产生的子过程就是制定标准的过程，即将实践经验和科研成果进行提炼和总结，并将其规范化。标准的实施子过程将标准所承载的信息传递到生产、服务与管理等实践中，指导实践活动按标准正确地进行。信息反馈子过程是收集、分析标准实施过程中的问题，并将有关信息及时反馈给相关组织，以便及时采取优化措施。这三个子过程是标准化过程中最基本的结构要素，每个子过程又包括由更具体的活动组成的子过程。

（三）标准化理论的指导意义

标准化理论可以为准确把握公共文化服务标准、标准化，及其过程管理提供依据。

第一，公共文化服务标准的特征。具体包括：①制定标准的出发点是在公共文化服务中获得最佳秩序和效益；②制定标准的依据是与公共文化服务相关的先进科学技术、研究成果和实践经验；③标准化的对象应为重复性的产品、过程或服务，根据这些对象才能制定相应的公共文化服务标准重复使用；④公共文化服务标准须由公认的权威机构批准和发布；⑤公共文化服务标准属于规范性文件。

第二，公共文化服务标准化的特征。依据标准化的概念和公共文化服务的特点，可以归纳出公共文化服务标准化的基本特征：①公共文化服务标准化是一个活动过程，包括标准的制定、实施和修订等多个阶段，而且这些阶段通过不断循环，螺旋上升，进而提高标准化的水平；②公共文化服务标准化的意义在于为达到预期目的，改进产品、过程或服务的适用性；③公共文化服务标准化的结果就是在面向公众的服务中建立一种秩序和规范。

第三，公共文化服务标准化的过程管理。公共文化服务标准化是一个复杂的过程，公共文化服务标准体系的制定、实施会受到多个环节、多种因素的影响。对公共文化服务标准体系进行科学管理，以确保其持续发挥系统效应是公共文化服务标准化的关键问题。标准化的基本过程模式为公共文化服务标准体系的科学管理提供了思维框架。

二、文化社会学理论

文化社会学是一种专门的社会学理论，它研究文化在社会中发挥作用的规律性，是研究文化产生、发展特殊规律与社会作用的一门学科。文化社会学不仅关注文化在社会中的地位和作用，还研究社会和社会人口群体的文化活动、文化水平及这些人口群体的文化需求，因而，对于公共文化服务标准体系的制定有着重要的指导意义。

文化社会学是社会学的分支，文化独特的社会作用决定了公共文化服务相对于其他公共服务的特殊性。公共文化服务及其标准化的社会需求、社会效益都可以借鉴文化社会学的理论和观点来进行研究。当今世界科技发展日新月异，推动着世界范围内的文化快速发展变迁。文化的进化必然带来公众精神文化需求的变化，进而引起公共文化服务标准的变化。

公共文化服务标准体系根据实际需求从较低层级发展到较高层级便是一次迁升。只有及时吸收新兴技术并感知文化发展的变迁，促进文化与科技的融合，才能为公共文化服务标准体系的迁升提供持久动力。公共文化服务标准体系的推广就是一个文化传播的过程，依据传播论的文化社会学观点，社会传播是文化发挥影响力的重要方式，传播的结果决定了文化现象的产生。对公共文化服务的需求是公众的主观心理需求，对公共文化服务的满意度也是公众的主观感受。依据心理理论的文化社会学观点，可从个体入手来调查、总结公众的公共文化服务需求和满意度，然后指导相应标准的制定。

三、新公共服务理论

（一）新公共服务理论的内涵

第一，角色转变，服务而非掌舵。政府的核心职能与私营企业、非营利组织一起，为公共问题寻找解决办法，为促进公共问题的协商解决提供便利。政府的角色应从控制者向服务者转变。

第二，公共利益是目标而非副产品。政府在制定社会远景目标的过程中，应建立集体的、共享的公共利益观念。通过广泛的公众对话和协商过程，建立具有广泛基础的社会远景目标。

第三，战略地思考，民主地行动。吸引社会各方力量来主动实施计划，而非仅仅依靠政府力量来执行。

第四，服务于公民而不是顾客。公共人员回应的是公民需求而不仅仅是顾客。

第五，政府职责的复合性与多元化。民主公民权和公共利益是政府职责的基础和目的。政府责任是复合性和多元化的，除了法律和政治责任外，政府应承担起一系列的专业责任和民主责任，关注社会价值观、职业标准和公民利益。

第六，重视人而不只是生产率。更加关注人的高层次精神、心理需求，如尊重、包容、信任等。

第七，重视公民权和公共服务。新公共服务理论认为政府为公民所有，公共资源的真正所有者是全体公民。当今社会生活的复杂性使得"掌舵者"式的政府官员角色难以为继，而应充分尊重公民的权利并给予公民参与公共政策制定的自由。政府应该鼓励公民积极参与政策的制定和执行的过程。

（二）新公共服务理论的指导意义

新公共服务理论对民主公民权的重视、对公共服务与公共利益的强调、对社会价值的关注、对政府职能的重新定位等方面，都为公共文化服务标准体系的制定与实施提供了很好的借鉴和理论支撑。公共文化服务标准体系的制定与实施过程中，应注重以下方面：

第一，政府应为公共文化服务标准的制定与实施，提供良好的政策法规环境。

第二，应鼓励社会各界力量参与公共文化服务标准的制定。

第三，公共文化服务标准的制定应以人为本，体现公众的文化需求，保障公众的文化权利。

第四，公共文化服务标准的目标应为实现公共利益，创造社会效益。

第五，公共文化服务标准的实施需要政府和社会各界力量共同参与、共同监督。

四、公共文化服务标准体系的重要性

（一）保障公民文化权利

享受公共文化服务是每个人的基本文化权利，而且各国政府应积极采取措施来保障公民的文化权利，使公民有平等的机会来享受公共文化服务。这是发展的必然趋势和政府应尽的职责，而标准化就是切实保障公民文化权利的有效措施。有了明确的服务产品标准、服务行为标准和服务技术标准和服务结果标准，才能让公民明确并依法享有自身的文化权利。

（二）文化与科技融合的需求

国家科技计划的支持，使中国在文化科技相关领域已经积累了一批技术成果，为中国文化科技全面发展奠定了良好的基础。

在公共文化服务中加强新兴科技成果的应用，开展文化艺术、广播影视、网络文化等行业关键设备、集成系统与服务规范的标准研制，一方面，可以提高服务质量；另一方面，可以促进文化与科技的融合，全面提升中国文化科技创新能力。而要充分发挥新兴科技成果的作用，就必须制定相应的技术应用标准、服务提供规范、设施设备标准来促进和推广科技成果在公共文化服务中的应用。

（三）规范文化产业与知识经济的发展标准

随着公众的物质生活得到基本满足，文化消费将成为重要的经济增长点，这就为文化产业①的发展带来了良好的契机。文化产业以文化资源为生产要素进行生产经营，向公众提供文化产品和服务。中国文化产业的范围包括：新闻出版、广播电视电影、文化艺术、文化信息传输、文化创意和设计、文化休闲娱乐、工艺美术品生产等。

文化产业在促进国民经济增长方面起着重要的作用：一方面，经济的飞速发展为中国公共文化服务提供了坚实的经济基础，国家越来越有充足的财力来提供公共文化服务；另一方面，文化产业在国民经济中所占的比重也不断上升，文化产品与服务的类型、数量持续升高，国家提供公共文化服务与产品的能力不断加强，质量不断上升。这两方面因素都对公共文化服务的质量提出了更高的要求。标准是提高服务质量、规范文化事业和文化产业发展的重要途径，中国亟须尽快制定系统性、集成性和应用性强的公共文化服务标准体系。

（四）以标准化为基础，实现公共文化服务均等化

"平等""公正"是社会主义核心价值观的重要组成部分，中国公民有权利拥有均等的机会来享有公共文化服务，有权利获得基本相同的服务效果。公共文化服务标准化是公共文化服务均等化的有效途径，建立公共文化服务标准体系，有利于公共文化产品与服务的种类、数量、内容、质量的统一有利于在全国范围内的公民有基本相同的机会获得基本相似的公共文化产品与服务，并得到基本相等的服务效果，促进公共文化服务均等化的实现。

第二节　公共文化服务标准体系的实施模式

公共文化服务模式和标准化管理体系共同决定了各国的公共文化服务标准化的特点。

---

①文化产业是指从事文化产品生产和提供文化服务的经营性行业。

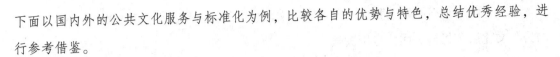

下面以国内外的公共文化服务与标准化为例，比较各自的优势与特色，总结优秀经验，进行参考借鉴。

一、国外公共文化服务标准体系的实施解读

（一）法国公共文化服务标准体系与模式

1. 法国公共文化服务标准体系

法国政府在标准化法中明确规定法国标准化协会为全国标准化主管机构，并由法国工业部总归口。法国标准化协会在欧洲和国际标准化组织中都发挥着重要的作用。法国标准化协会下设各专业、行业的标准化局，标准化局的成立需要政府有关部门的批准。标准化局再根据需要设立技术委员会，标准化局或技术委员会负责制定具体的法国标准草案，然后提交给法国标准化协会审核和批准后，即可作为法国的国家标准发布实施。

任何团体和个人都可申请编制标准，法国标准的制定也是以市场需求为主导，以企业为主体。法国鼓励积极采用国际标准和欧洲标准作为国家标准，目前法国的现行标准中有超过一半都采用了国际标准。法国标准的制定是基于企业的共同利益，因此企业都自愿执行。

2. 法国公共文化服务标准模式

（1）法国公共文化服务标准模式的层次设立。

法国设立了三个层次的管理体系来管理公共文化服务。

第一，中央一级的管理机构是文化和通信部，其职责主要是制定文化政策，编制文化经费预算，促进艺术创作和文化普及等，对全国文化事业直接进行管理。

第二，中间一级是文化和通信部直属文化单位，包括法国重点文化设施、文艺团体、艺术院校等在国内外有重要影响的文化单位，这些单位由文化和通信部进行领导任命和经费下拨。

第三，地方一级是地方文化机构，其职责主要是执行国家的文化政策、制订地方文化发展规划、组织文化活动等。

（2）法国公共文化服务管理模式的特点。

第一，政府中央集权管理。法国政府不通过中介社会组织来管理公共文化服务，而是由文化和通信部对全国公共文化服务统一进行协调管理，各文化局局长都属于文化和通信部的官员。另外，文化和通信部还向各地的博物馆、图书馆、电影资料馆等文化事业单位派遣专业技术人员，完全没有依靠民间文化艺术委员会来进行管理。

第二，政府直接财政拨款。法国政府对文化事业的投入是由文化和通信部对政府直属的公共文化服务机构、团体直接拨款。

第三，通过签订文化协定进行管理。政府在提供经费的同时，与相关部门和文化单位签订相应的文化协定，以契约的形式对得到资助的单位和团体进行管理和监督，以确保经费的使用效果，从而使所有公民都有平等享受公共文化服务的权利。

（二）美国公共文化服务标准体系与模式

1. 美国公共文化服务标准体系

美国公共文化服务标准体系最初是根据市场经济的需要，以民间组织为主体发展起来的。美国公共文化服务标准体系主要包括三个部分：民间组织制定的自愿性标准、政府专用标准和国家标准。美国国家标准协会作为全国自愿性标准化体系的协调中心，是一个独立的非营利性组织，协会成员来自企业、贸易协会、专业和技术协会、政府部门、劳动和消费者组织等标准化相关机构。美国国家标准协会本身是负责对美国民间标准化机构进行管理和协调。美国国家标准技术研究院代表政府进行标准化管理，是美国政府标准化政策的主要实施者，负责制定政府专用标准，规制民间自愿性标准的发展。

美国公共文化服务标准体系最突出的特点有以下内容。

（1）以民间标准化组织为主体。与我国政府主导型的公共文化服务标准体系不同，美国标准的制定与实施是以民间标准化组织为主体的。美国的民间标准化组织包括科学和专业协会、贸易协会、专业学会、测试和认证组织等类型。影响力较大的民间标准化组织有美国试验与材料协会、美国机械工程师协会、美国电气电子工程师协会、美国石油协会等。美国法律鼓励政府机构尽量减少制定政府专用标准，尽可能采用私有部门制定的自愿性标准，以节约政府经费，同时提高政府获得民间最新技术的能力。

（2）市场驱动。美国的标准化工作最初是由市场驱动而非政府推动的。由于市场的发展和人们对产品和服务的要求逐渐提高，美国的企业、贸易协会开始制定一系列的技术标准和管理标准，以提高自身的市场竞争力，追求更大的经济效益。政府不主导自愿性标准的制定和推广过程。

（3）公开自愿参与。美国的标准由各有关部门和机构自愿编写、自愿采用。自愿性标准被政府部门的法律、法规采用后，才会具有强制性，必须严格遵守。

2. 美国公共文化服务标准模式

美国政府主要依靠市场机制来提供公共文化服务，通过公共文化服务的供给者之间的竞争来提高公共文化服务的效率和公众满意度。美国政府的公共文化服务总体思路是：如果市场能满足社会自发形成需求；政府就不干预，让其自发形成公共文化服务需求、市场无法满足时，则由政府委托专业团队作为中介来进行干预。

美国政府通过美国国家人文基金会、美国国家艺术基金会、国家博物馆图书馆学会来代表政府行使部分职能，对文艺团体、艺术家、人文学方面的教育和社会活动、博物馆、图书馆等提供公共文化服务的机构、团体和个人进行资助。这三个文化基金会对公共文化服务机构、团体没有行政管辖权，但在政府决定提供资助的总金额后，可接受政府的委托，通过各行业领域专家的专业评估来进行具体的资助决策。

美国的公共文化服务资助模式有三个特点：①通过法律法规和政策环境来鼓励社会各界对公共文化服务的投资；②政府通过国家博物馆图书馆学会等社会中介组织对文化服务进行资助，资助对象为非营利性的民间文化艺术机构或团体；③政府资助时实行有限拨款，以避免文化机构或团体过于依赖政府。

（三）英国公共文化服务标准体系与模式

1. 英国公共文化服务标准体系

英国公共文化服务标准体系历史悠久，法律法规和政策体系健全，在国际上拥有广泛的影响力和重要地位。经过长期的发展，英国已形成了成熟的标准化管理体系。英国标准协会是世界范围内最有影响力的国家标准化组织之一，参与创立了国际标准化组织、国际电工委员会、欧洲标准化委员会等国际标准化组织。

英国标准协会既是独立的民间商业性标准化机构，又是英国政府承认并支持的非营利性国家标准化机构。英国标准协会是组织各技术委员会制定标准，英国标准协会技术委员会由来自标准用户、制造商、政府机构、消费者组织等相关组织的代表组成，具体承担国家标准的制定和维护任务。英国政府通过向英国标准协会技术咨询及政策委员会派出代表来与民间组织一起有效地参与和推动标准的制定、实施与推广。英国公共文化服务标准体系最突出的特色有以下内容。

（1）重视标准化对公共政策的支撑。英国政府认为标准化是对政府政策提供支持的一个关键因素，标准对公共政策的支持是英国标准化工作的总目标，这在英国的相关政策、法律法规文件中都有明确的规定和阐述。

（2）重视"非正式标准"的作用。非正式标准是由一定范围内的利益相关方制定的标准，通常属于行业标准。非正式标准的制定过程较为简单，不需要严格履行"正式标准"的制定程序，因此时效性好，能敏锐地反映最新技术发展，更好地满足市场需求。"非正式标准"在发展成熟后可以成为正式标准。

（3）高度国际化。英国标准化管理的另一个重要目标是谋求与欧洲标准、国际标准的协调一致。英国的国家标准由三个部分组成：①英国标准协会直接制定的标准和将其他标准调整采纳后的标准；②由欧洲标准转化而来的标准，如由欧洲标准化委员会等欧洲标准化组织制定的标准；③由国际标准化组织的标准、国际电工委员会的标准等国际标准转化而来的标准。英国在制定国家标准前，先要查找相关欧洲标准和国际标准，尽可能采用国际标准、欧洲标准作为国家标准。

2. 英国公共文化服务标准模式

英国形成了比较完整的由中央、文化艺术委员会和地方构成的三级文化管理体系，这三级管理机构并无垂直行政领导关系，而是各自相对独立。英国政府在公共管理改革的过程中，逐渐认识到私有企业的管理模式比政府公共部门的管理模式更有效率，让私有企业来承担公共服务会比公共部门做得更好。因此，英国政府是采用间接管理，即中央政府通过各类文化艺术委员会来将文化经费分配给文化机构或艺术家。英国公共文化服务标准模式的特点主要体现在三个方面。

（1）非政府公共文化机构，在公共文化服务中起到了至关重要的作用。英国的各类文化艺术委员会与全国各个公共文化服务的组织、机构和团体建立联系，形成全国性的公共文化服务管理网络体系。文化艺术委员会的成员都是专业素质极高的专家，可以客观、公正地对文化经费进行分配和效果评估，并且通过各种方式对获得文化经费的艺术团体进行监督。非政府机构的参与极大地减轻了政府的工作负担。

（2）建立了文化托管制度。文化托管是指委托人将文化艺术资产委托给某一公共文化托管董事会进行保管、经营，公共文化托管董事会必须由各行业具备所需资质的专家组成。文化托管制度可以使非公有的文化艺术资源转化为公共文化服务资源，极大地拓展公共文化服务的供给，而政府也可将国有文化艺术资源委托给民间公共文化托管董事会进行管理，既能减轻政府公共文化部门的工作负担，又能实现公共文化服务管理的专业化。

（3）吸收社会力量，促进公共文化服务的发展。英国政府鼓励社会各界的机构和个人赞助文化活动。一方面，成立企业赞助艺术联合会，鼓励企业对文化事业的捐赠；另一方面，发行国家彩票，彩票收入由文化、新闻和体育部门拨给各地区、行业的文化艺术委员会。

总之，英国的公共文化服务管理体系有三个方面的优点：①非政府机构的积极参与减轻了政府的工作负担，提高了公共文化服务发展的效率；②提供了全社会参与公共文化事业的机制和途径，能广泛吸收社会各界力量推动公共文化服务的发展；③政府的间接管理保证了文化艺术政策的连续性，保证了文化艺术团体的独立性，不受党派政治变化的影响。

（四）公共文化服务标准化模式的启发

1. 各国公共文化服务标准化模式的比较

公共文化服务模式决定了公共文化服务的生产者、提供者和消费者之间的关系，决定了标准化的利益相关主体；标准化管理体系则决定了标准制定与实施的主体。通过对美国、英国、法国的公共文化服务模式和标准化管理体系进行综合分析，可以总结出各国的公共文化服务标准化模式。

（1）法国的"政府主导"模式。法国形成了由法国标准化协会、行业标准化局和标准化技术委员会组成的标准化管理体系，政府在其中发挥着主导作用。而法国的公共文化服务也是政府中央集权管理，不通过中介社会组织来管理公共文化服务。可见法国的公共文化服务和标准化都是由政府主导的，市场和民间组织缺乏对标准化的需求和动力，因此法国的公共文化服务标准化属于政府主导模式。

（2）美国的"民间自愿"模式。美国政府没有设立专门的文化行政主管部门，主要通过制定政策法规、规范市场秩序来发挥作用。政府财政对文化的投入与拨款主要通过各类行业协会、专业团队等非政府组织（如美国国家艺术基金会等）进行分配。非政府组织和第三方机构是开展公共文化服务的中坚力量，政府对公共文化服务的行政干预被降到了最低。

美国的标准化管理体系也是以民间组织为主体发展起来的，有着市场驱动和自愿参与的特点。因此，美国政府在公共文化服务标准方面缺乏实际需求，公共文化服务标准主要由市场需求驱动，由非政府组织、第三方机构制定和推广。因此美国的公共文化服务模式可归纳为"民间自愿"模式。

（3）英国的"共同管理"模式。英国的标准化体系和美国一样也是以民间组织为主导，但公共文化服务模式有所不同。英国形成了比较完整的中央和地方三级文化管理体系，政府在公共文化服务中承担了更多的责任和义务，政府和民间文化组织都有对标准化的需求。因此英国的公共文化服务标准化是政府与民间机构共同管理的模式。

2. 公共文化服务标准化模式的启示

通过上述对美、英、法三国的公共文化服务标准化模式的比较分析，可为我国的公共文化服务标准化模式的建立和完善提供借鉴。

（1）营造良好的法律和政策环境。政府可以在公共文化服务标准化过程中起主导作用，全程主导标准的制定、实施与修订，也可以将标准的制定和实施委托给民间组织，发挥社会力量和市场机制来实现公共文化服务的标准化。但这两种模式都有一个共同的前提，那就是制定相应的法律法规和政策，为公共文化服务标准化提供一个公正、公开、公平、稳定的政治环境。

（2）重视公共文化服务标准与法律、法规的结合。标准的制定只是公共文化服务标准化的开始，关键还在于标准的贯彻、落实与实施。标准最有力的实施途径莫过于被相关法律、法规引用，通过法律的力量来监督、保障标准的实施。

（3）注重民间组织、第三方机构的重要作用。国外的标准化技术委员会成员来源广泛，包括消费者、政府官员、学者等代表性人群。因此在制定公共文化服务标准的过程中，我国公共文化服务标准化应鼓励社会力量的参与，充分调动民间力量的积极性，使标准更加体现更广泛人群的需求，进而及时、灵敏地适应公众需求。

二、国内公共文化服务标准体系的实施模式

（一）我国标准化管理体系

我国的标准化实行的是由标准化行政机构集中统一管理的体系，由标准化行政管理体系、标准化技术工作体系、标准化中介服务体系等构成标准化管理体系。国家标准化管理委员会是国务院授权的履行行政管理职能，统一管理全国标准化工作的主管机构。各省、自治区、直辖市也都设置了标准化行政管理部门（一般为各地的质量技术监督局）负责地方标准化工作，并实行垂直领导体系，形成了我国标准化的国家、行业、地方三级行政管理体系。

我国的标准化技术工作体系，主要由标准化技术委员会系统和标准的实施监督检验系统两大系统组成。标准化技术委员会系统负责标准的制定和修订，由标准化技术委员会、标准化分技术委员会、工作组三级机构组成。标准化技术委员会是在一定专业领域内从事全国性标准化工作的技术组织，可根据需要建立若干个分技术委员会和若干个工作组。标准化中介服务体系主要包括标准化协会、标准化科学研究机构、标准及标准化编辑出版机构。

中国标准化协会和地方各级标准化协会是从事标准化工作的单位和个人组成的学术性、非营利性法人社会团体，其主要职能为开展标准化学术交流活动，普及标准化科学技术知识，促进标准化技术的交流与合作。我国专门的标准化科学研究机构主要有中国标准化研究院，以及各地区、部门的标准化研究院所，这些机构主要对标准化的原理、特点、历史、方法、规律、政策进行研究。中国标准出版社专门印刷、发行国家标准和标准化领域的著作、工具书，以及国外标准的相关资料。

中国标准化研究院和中国标准化协会还主办了《中国标准化》《标准科学》等标准化领域的学术期刊，为我国标准化研究提供了专门的学术交流平台，促进了标准化工作的方

针、政策、先进经验、最新研究成果的传播。2014年，文化和旅游部牵头成立了国家公共文化服务体系建设协调组，标志着国家层面的公共文化服务协调机制正式运转。协调组由文化和旅游部、中宣部、教育部、科技部、国家标准化管理委员会等多个部门组成，其主要任务之一就是协调推进重大公共文化服务标准的制定、实施和考核。

（二）我国公共文化服务模式

我国公共文化服务坚持正确导向、政府主导、社会参与、共建共享、改革创新原则。坚持正确导向是以社会主义核心价值观为引领，发展先进文化，抵制落后文化和有害文化；政府主导是由政府从基本国情出发来规划、推动和实现公共文化服务的均等化；社会参与是引入市场机制，激发民间组织、机构、个人参加公共文化服务的积极性，促进公共文化服务的多元化；共建共享是多部门协同发展，优化资源配置，发挥整体优势，提升综合效益；改革创新是转变政府职能，创新公共文化服务的内容和形式。

由于公共文化产品与服务属于公共物品或准公共物品，因此市场不会自发、主动地来生产或提供公共文化服务，更没有动力来自发制定公共文化服务标准。文化事业单位或其他文化服务机构、团体对公共文化服务标准的制定基本没有需求，也没有短期的或潜在的利益驱动，因此，公共文化服务标准的制定需要采取政府主导、社会参与的模式。

我国标准化管理体系和公共文化服务模式与法国具有一定程度的相似性，都是依靠政府在其中发挥主导作用，这决定了我国当前的公共文化服务标准化模式应为政府主导模式，即公共文化服务标准由政府主导、组织各方力量来制定和实施。

第三节 公共文化服务标准体系的实施路径

一、标准计划项目的立项

依据相关现行规定，国家标准化管理委员会每年6月提出编制下年度国家标准计划项目的原则要求，下达给国务院有关行政主管部门及其领导与管理的全国专业标准化技术委员会或专业标准化技术归口单位（下文简称"技术委员会"或"技术归口单位"）。

各技术委员会或技术归口单位提出国家标准计划项目的建议，报行政主管部门审查，通过国家标准化管理委员会、公共文化服务相关行政主管部门（文化和旅游部等部门）、国家标准化管理委员会、公共文化服务行业相关行政标准化行政主管部门、相关行业行政主管部门对标准实施情况进行监督、公共文化服务标准起草单位成立工作组，起草标准，征求意见，形成标准送审稿、报批稿。公共文化服务机构实施标准，包括计划、准备、实施、检查验收、总结等阶段后，于9月底提出国家标准计划项目草案和项目任务书报标准化管理委员会。国家标准化管理委员会对上报的国家标准计划项目草案审批后即可下达国家标准计划项目。

文化和旅游部及其领导的多个全国专业标准化技术委员会，以及其他行业相关技术委员会根据公共文化服务体系建设的需求，提出公共文化服务的标准计划项目，由国家标准化技术委员会审批后，公共文化服务标准项目即可正式立项。建立社会管理和公共服务标准体系，就是要加大社会管理和公共服务标准化力度。可以预见的是，未来一段时间将会有越来越多的公共文化服务标准立项。

二、标准的制定

国家标准化管理委员会下达标准制定计划后，由全国专业标准化技术委员会或专业标准化技术归口单位协助组织计划的实施。企业、科研机构、公共文化服务机构等社会各界力量都可以参与公共文化服务标准的起草。

公共文化服务机构是标准的主要实施者，对公共文化服务的实际情况最为了解；企业对文化市场的变化最为敏感，能敏锐地捕捉文化产业的市场需求；政府行政主管部门对相关法律、政策最为熟悉，可以确保标准的正确导向；科研机构、高等院校和专家工作组能为标准的起草提供专业理论支持和技术支撑；认证认可机构和技术监督部门对标准的实施与推广起着重要的监督管理作用。

不同类型的单位各具特色和优势，在联合起草标准的过程中可建立灵活多样的合作模式。多个不同类型的单位联合起草标准，资源共享，优势互补，提高了标准的科学性和权威性。

三、标准的审查、发布与实施

标准起草单位提交标准的送审稿后，由全国专业标准化技术委员会或专业标准化技术归口单位组织审查，并提出审查结论意见，然后再报送下达标准项目计划的主管部门审核继而发布。

公共文化服务标准的实施，就是把标准规定的各项要求在生产、技术、管理和服务的实践环节中贯彻下去。公共文化服务标准只有付诸实践，才能发挥出它们的作用和效益；公共文化服务标准的质量和水平，也只有在实施过程中才能得以体现。同时在标准实施的过程中，也可以及时发现公共文化服务标准中存在的问题，为标准的修订或废止提供依据。在持续的标准实施、修订过程中，才能不断地适应环境的变化，不断地将新的技术和理念纳入标准中，补充标准中的不足之处，有效地指导公共文化服务的开展。

标准的实施大致包括以下五点。

第一，计划：在标准实施前，公共文化服务机构首先要结合本单位的实际情况，制订实施标准的计划。

第二，准备：明确标准实施的责任机制，对新标准进行宣传和普及，为标准的实施做好准备工作。

第三，实施：正式实施公共文化服务标准时，可以采用的方式包括以下三种。①直接采用。直接采用就是按公共文化服务标准毫无改动地实施，例如公共文化服务的基础标准，各公共文化服务机构均应直接采用。②补充实施。补充实施就是在不违背公共文化服务标准的基本原则下，对标准未规定的具体内容在实施中做一些补充。③提高实施。提高实施就是为了提高服务质量和公众满意度，以国内外先进水平为目标，在公共文化服务标准的基础上提出更高的标准，实施于生产与服务过程中。

第四，检查验收：公共文化服务机构对生产与服务的各个环节进行检查，对标准的实施效果进行评估。

第五，总结：对标准实施中发现的各种问题进行整理、分析和总结，将有针对性的意见和建议反馈给标准制定部门。

四、标准实施的监督检查

对标准的实施情况进行监督和评价，是依据标准化的相关法律、法规和部门规章，对有关部门、机构实施标准情况进行监督检查和处理，以确保标准正确贯彻执行的重要环节。

对公共文化服务标准化活动进行监督检查的政府部门主要包括两类：①县级以上标准化行政主管部门；②各行业的主管部门。我国县级以上政府标准化行政主管部门多为各省、自治区、直辖市的质量技术监督局，有权对公共文化服务的强制标准的实施情况进行监督，它们做出的监督和检验结果具有法律效力。各行业的主管部门，如文化行业的主管部门文化和旅游部、广播电影电视行业的主管部门、国家新闻出版广播电影电视总局等，主要对本行业所属企事业单位标准的实施进行监督和检查。

第三方机构、公共文化服务机构、社会公众也可以积极参与到公共文化服务标准的监督与检查中来，相互配合、相互补充，形成多个评价主体、多种评价方式相结合的监督体系。

第四节　公共文化服务标准体系的设计思考

一、公共文化服务标准体系的组成

（一）公共文化服务基础标准

公共文化服务基础标准是在一定范围内作为其他公共文化服务标准的基础并普遍使用的标准，对于体系内其他标准具有广泛指导意义。公共文化服务基础标准主要包括四个标准。

第一，公共文化服务术语标准。公共文化服务术语标准主要对公共文化服务中涉及的术语和概念进行明确规定，为体系内其他标准建立统一、完整、规范的术语体系。

第二，公共文化服务分类标准。公共文化服务分类标准主要内容是根据公共文化服务的不同行业、不同内容、不同方式等分类原则，将公共文化服务分成不同类别，以便于公共文化服务资源的统计和政府公共资源的配置。

第三，公共文化服务标识与符号标准系列。公共文化服务标识与符号标准主要是对公共文化服务中涉及的主要标识与符号进行明确的规定。标识与符号是信息的载体，将公共文化服务中的复杂信息浓缩在标识与符号中，可帮助社会公众迅速、准确地理解服务的内容、性质等信息。因此建立科学规范的标识与符号体系是必要的，标识与符号标准可以确保符号语言的一致，使服务的提供者、管理者和接受者都能准确理解标识和符号的信息。

第四，公共文化服务信息数据代码标准。公共文化服务信息数据代码标准主要是针对公共文化服务数字化、网络化的发展趋势，规定公共文化服务相应业务领域代码、服务部门分类代码、服务活动代码等，便于统一公共文化服务的基础元数据，便于数据的存储、传输、分析与利用。

（二）公共文化服务技术支撑标准

公共文化服务的发展离不开科学技术的支撑，公共文化服务技术支撑标准主要解决服务中的相关技术问题。这一类标准主要包括公共文化服务设备和用品的生产技术标准，以及公共文化服务关键技术应用规范。公共文化服务的设备和用品技术标准包括设计标准、质量标准、工艺标准、检验和试验标准、医药卫生和职业健康标准、安全标准等方面。

随着文化与科技融合的趋势日益明显，公共文化服务中也会应用越来越多的新兴技术。以云计算、物联网、移动互联网、大数据、智慧城市为代表的新科技必将对文化需求和文化产品与服务的提供方式产生不可估量的影响，这些关键技术在公共文化服务中的应用需要有相应的标准进行规范。公共文化服务关键技术应用规范标准的制定将会促进文化与科技的融合，以及新技术的推广应用。

（三）公共文化服务通用标准

公共文化服务通用标准主要包括以下六个方面的系列标准。

第一，公共文化服务规范系列标准。公共文化服务规范系列标准主要包括公共文化服务的内容标准（内容审核、内容版权等）、质量标准（思想倾向、文化含量、审美层次、艺术水平等）、提供方式标准（服务方式、服务渠道等）。

第二，公共文化服务人员系列标准。公共文化服务人员系列标准主要包括公共文化服务人员执业资质标准、绩效考核标准和编制标准，分别对公共文化服务人员的专业资质、服务技能、服务效果和人数配置做出明确规定。

第三，公共文化服务环境卫生系列标准。公共文化服务环境卫生系列标准主要包括公共文化服务的室内和室外的环境卫生标准，分别对室内和室外的环境条件（温度、湿度、光线、空气质量、清洁卫生、噪声限值、场地面积）、环境因素的识别和评价要求（向大气、水体、土地排放）、环境运行控制（废物处理、能源消耗、噪声控制、废气排放、视觉污染、提高环境绩效）、环境意识等进行规定。

第四，公共文化服务安全要求系列标准。公共文化服务安全要求系列标准主要包括公共文化服务设施安全标准、公共文化服务设备及用品安全标准、公共文化服务活动安全标准。这类标准规定与公共文化服务提供过程与服务结果有关的安全要求，包括安全保障措施、服务场所的安全保障要求、服务用品使用的安全要求、服务设施的安全要求、服务从业人员、服务对象的安全要求等。

第五，公共文化服务运行管理系列标准。公共文化服务运行管理系列标准主要包括公共文化服务的分等分级标准、经费保障标准、信息管理标准、服务评价标准。公共文化服务分等分级标准根据公共文化服务及其设施的质量对服务进行分级，为公共文化服务的科学管理奠定基础；公共文化服务的经费保障标准明确各级政府对公共文化服务的财政投入标准，为公共文化服务的发展奠定经济基础；公共文化服务的信息管理标准对服务过程中信息的存储、传输、开发、利用、分析进行规范，顺应公共文化服务信息化、数字化、智能化的发展趋势；公共文化服务的评价标准规定服务的评价指标、评价方法，为科学评价的实施提供准绳。

第六，公共文化服务设施设备及用品系列标准。这类标准对公共图书馆、博物馆、文化馆、艺术馆等公共文化服务设施的开放做出明确规定，并为相应设施建设项目的立项、审查以及工程实施提供依据。公共文化服务设备及用品配置标准则对公共文化服务过程中设备及用品的数量、种类、使用做出规定。

（四）公共文化服务的行业领域标准

基本公共文化服务涉及图书馆、广播、电视、电影放映、文艺创作与表演、艺术表演场馆、博物馆、烈士陵园、纪念馆、群众文化活动、文化团体服务等具体行业。

各行业都需要制定在公共文化服务过程中的服务规范、人员资质、运行管理、环境卫生、安全要求、设施设备及用品等方面的标准。各行业中公共文化服务中具有共性的行业标准，可以融合上升为公共文化服务的通用标准。通用标准中已经有相关规定的，各行业领域应积极执行；而带有本行业领域特色、通用标准中未做规定的，就需要各行业领域建立相应的行业标准。而我国先进标准应争取上升为国家标准，积极向国外推广，提高我国的文化软实力和国际影响力。

二、公共文化服务标准体系的设计思路

第一，体现地方特色。根据不同的风俗人情和文化历史背景，标准体系建设需要尽量反映地方特点，各取所长。要根据国家公共文化服务指导标准，结合当地群众的实际需求以及财政能力和文化特色，制定符合本地区具体情况的实施标准，逐步建立国家指导标准与地方实施标准相衔接的标准体系。

第二，强化标准体系的指导作用。建设公共文化服务标准体系的根本目的是指导这一领域的标准化工作。构建标准体系是要反映标准化工作的思路，反映标准化工作的远期规划和近期计划。标准体系是一个动态概念。体系内的标准是否相互协调，某些标准在一定周期内是否依然适用，哪些标准需要列入制、修订计划，哪些标准需要更新或废止，都需要明确反映在标准体系表中。这是标准体系是否有效运行的基本考量。

第三，提高标准的适用性。公共文化服务的对象是广大人民群众，所提供的服务应该接地气，要能被普通民众接受。公共文化服务标准体系也应围绕群众的精神文化需求来设计、构建。①厘清政府提供基本公共文化服务的范畴，保障民众的基本文化权益；②制定的标准应具有较强的适用性和可操作性。在公共文化服务供给方面，应该重视形式和内容的结合，标准化和个性化的结合，使广大人民群众能够享受到高标准的、方便快捷的各类文化服务。在服务评价方面，要细化考核指标，能量化的应尽可能量化，要注重评价标准的实际效果。

第四，底线标准与弹性标准相结合。一方面，公共文化服务标准要做到兜底线，保基本，保障群众获得最低限度的公共文化服务；另一方面，建立基本公共文化服务标准动态调整机制，根据不同地区以及经济文化发展的不同阶段，适时、适度调整具体指标、提高服务标准。

底线标准是基本公共文化服务均等化的体现，它应该随着社会公共文化服务水平的提高、政府财力的增长以及人民群众的精神文化需求的发展等因素不断进行调整和完善。公共文化服务标准体系也应该在这样的动态调整和完善过程中发挥更好的指导作用。

三、公共文化服务标准体系的设计原则

（一）目标明确原则

公共文化服务标准体系要以适应公共文化服务体系建设和文化产业新发展需要为前提，以促进公共文化服务的享受机会、过程和结果均等化为核心，以提高公共文化服务的产品和质量为目标，借鉴国外成功经验，建立健全适合我国经济社会发展现状的公共文化服务标准体系。

公共文化服务标准应依据公众需求编写，保护公众文化权益，尤其是考虑老年人、儿童、不同文化背景以及不同行为能力等特殊人群的期望和权益。公共文化服务标准只有融入公共文化服务体系建设和文化产业的发展之中，才能发挥其应有的作用和效益。公共文化服务标准体系的构建，必须贴近公共文化服务体系建设和文化产业发展的实际情况，多角度全方位地建立一个标准框架体系。

（二）系统完善与结构合理原则

公共文化服务标准体系作为一个系统，是由一整套相互依赖、相互协调和相互补充的公共文化服务标准按照一定的规则联系组合而成的。

任何系统要发挥其系统功能都需要有稳定合理的结构做支撑。公共文化服务标准之间的内在关联是形成公共文化服务标准体系结构的依据，各标准的功能通过标准相互间的内在联系融合为标准体系的整体功能，并使整体功能超过各标准功能的叠加。标准之间有并列与协调、制约与从属等关系，决定了标准体系内常见的结构层次结构和序列结构等形式。公共文化服务标准体系的结构要清晰，恰当地在不同层次上安排标准，实现标准体系的简化和高效。确立公共文化服务标准体系的结构形式后，要在一定时间范围内保持结构稳定，以确保标准体系整体功能的持续发挥。

（三）动态开放原则

结构相对稳定并不意味着公共文化服务标准体系一成不变。任何标准都有其生命周期，公共文化服务标准体系应根据标准的生命周期及时修订。

当公共文化服务体系建设、文化产业的发展以及我国经济社会环境发生变化时，内容不合时宜或者较为落后的标准就要被更先进、科学的标准所取代。

当今科技的迅猛发展必然带来公共文化服务的范围和方式、需求不断革新，推动旧标准不断地废止和新标准的不断产生。因此，公共文化服务标准体系必须在维持基本稳定的同时又有一定的开放性。系统的开放性需要保持与外部环境的物质、能量和信息的交换，从外部持续引入负熵，对现有标准及结构进行调整，才能保证公共文化服务标准体系在持续发展变化中维持结构和功能的动态平衡。

（四）全面与前瞻原则

应对公共文化服务体系建设和文化产业发展中需要协调统一的各种重复性事物和概念有深入理解，全面研究需要制定的公共文化服务标准，尽可能使公共文化服务标准全面成套，标准内容齐全完备。还应有超前意识，准确把握公共文化服务的发展趋势，使公共文化服务标准的制定立足当前、关注长远、扎根国内、面向国际，使标准体系具有一定的前瞻性。公共文化服务标准应依据各相关行业的发展现状和趋势以及服务技术条件编写，尽可能地设定一些可量化的指标，并确保指标的适用性和先进性。

四、公共文化服务标准体系的设计方法

第一，服务流程法。适用于服务流程相对固定单一、不因服务对象或服务项目的不同而发生变化的服务活动。

第二，服务要素法。适用于主要依托各类要素集成而提供服务的活动，例如旅游服务标准体系结构图通常按照"吃、住、行、游、购、娱"六大要素来构建。首先对标准化对象进行系统分析，从中提取各类要素。

第三，服务对象法。适用于因服务对象的不同而须提供不同项目的服务活动，例如养老服务标准体系结构图可按照自理老年人（心理咨询、紧急救援服务）、半自理老年人、失能老年人（健康监护、日间照料）的不同类型来构建。

第四，服务项目法。适用于通常提供不同组合、不同种类服务项目的服务活动。由于公共文化服务涉及服务行业较多，服务项目难以组合，服务流程差异较大，服务对象广泛，因此，服务流程法、服务对象法和服务项目法都不太适合。而服务要素法更适于分析较为复杂的标准体系结构，主要采用服务要素法来构建公共文化服务标准体系。

要构建公共文化服务的标准体系，对公共文化服务的要素进行系统分析，掌握公共文化服务的基本要素及其逻辑关系，然后从中提取标准化对象以及标准化对象之间的关联。从不同的维度分层展开各要素的标准结构，进而针对标准化对象及其相互关联设计相互联系、相互依赖的标准，以构成科学、完整、能发挥系统效应的公共文化服务标准体系。

第三章 "互联网+"与公共文化服务发展

第一节 "互联网+"与公共文化服务概述

当今时代，我们正处于第四次工业革命的进程之中。与前三次工业革命分别以"蒸汽机""电力"和"计算机"等某一单项技术为主要推动力不同，第四次工业革命是"在物理、数字和生物技术相结合的推动下"的一次综合性、多领域、全方位的复杂变革，推动人类社会由传统的实体物理世界向虚拟的数字世界全方位"迁徙"，是工业革命实现"由量变到质变"的飞跃，并将日益"消除物理世界、数字世界和生物世界之间的界限"，促进社会全方位的融合。因此，"互联网+"已经远远超出了常规的信息技术领域，而成为当今信息时代经济社会发展的底层"基础设施"和"思维范式"，成为重构物理世界、数字世界和生物世界的一种"新生态"和指导人们进行网络生产生活的"新思想""新理念"，是"创新、开放、共享、包容"等互联网价值理念的倡导者和实践者。

一、互联网与"互联网+"

（一）互联网

互联网，又称国际网络，是将计算机网络连接在一起形成的庞大网络，互联网的前身是诞生于 1969 年美国的阿帕网。随着应用的日益商业化和社会化，互联网在通信、信息检索以及客户服务等方面的潜力才逐步被挖掘出来，越来越多的人开始把互联网作为通信和交流的工具。1990 年 12 月 25 日，"互联网之父"、万维网发明者蒂姆·伯纳斯-李①（Tim Berners-Lee）通过万维网实现了 HTTP 客户端与服务器的第一次网络通信，一个可以真正使用的商用 WEB 网络由此正式构建成功。

在万维网诞生之前，人们所使用的电脑，其操作系统是各不相同的。正是蒂姆·伯纳

---

①出生于伦敦，英国计算机科学家，万维网的发明者，2004 年 4 月 15 日，在芬兰的埃斯波市芬兰技术奖基金会上，蒂姆·伯纳斯-李被授予全球最大的技术类奖——"千年技术奖"。

斯-李利用了假想的"虚拟空间"发明的万维网，才使得各计算机不同的系统之间能够进行数据交换，并由此开辟出人类多彩的网络生活。

在蒂姆·伯纳斯-李之前，关于"文字""符号""声音""图像"的不同文本，已经实现了在计算机和人之间的有效沟通。但在电脑自身硬盘深处以及在不同的电脑网络系统之间，依然不能进行有效的沟通，依然存在着"数字鸿沟"。最终是蒂姆·伯纳斯-李以其天才的"超文本链接发明"解决了这个难题。所谓"超文本链接"包括"HTTP"（超文本传输协议）和"HTML"（超文本标记语言），是指电脑之间交换信息时所使用的"网络语言"：当你在电脑上点击任意一条网络链接时，你的电脑就会根据你点击的链接而进行自动识别，并进入你想要查看的网络页面，之后它还会利用电脑之间通用的语言与其他计算机进行"沟通"，进而达到访问和信息交互的目的，这就是"HTTP超文本传输协议"。

对于互联网的发展而言，蒂姆·伯纳斯-李的这项发明具有划时代的意义。伯纳斯-李的"网络语言"使普通人也拥有了与计算机专业人士一样的"网络访问特权"，并可以在浩瀚的网络世界里"自由散步"。在互联网创立的历史上，我们永远要记住两个人的名字：拉里·罗伯茨（Larry Roberts）[1]和蒂姆·伯纳斯-李（Tim Berners-Lee）。罗伯茨实现了互联网"在不同电脑之间的连接"；而伯纳斯-李则"使电脑连接了所有人"。

互联网起源于工业社会的高度发展阶段，在工业文明实现对农业文明全面超越后向信息文明进发的进程中孕育而生，互联网的诞生是人类文明史上一场划时代的伟大革命。

（二）"互联网+"

"互联网+"是把互联网的创新成果与经济社会各领域深度融合，推动技术进步、效率提升和组织变革，提升实体经济创新力和生产力，进而形成更广泛的以互联网为基础设施和创新要素的经济社会发展新形态。

从2015年开始，"互联网+"得到进一步发展。推动互联网由消费领域向生产领域拓展，加速提升产业发展水平，增强各行业创新能力，构筑经济社会发展新优势和新动能。坚持"开放共享、融合创新、变革转型、引领跨越、安全有序"的基本原则，大力拓展互联网与经济社会各领域融合的广度和深度，并提出了具体的"互联网+"10年的阶段目标，即到2025年，"互联网+"新经济形态初步形成；"互联网+"成为我国经济社会创新发展的重要驱动力量。

总之，"互联网+"就是在互联网思维指导下的进一步实践活动。它以互联网为平台，利用网络信息通信技术，使互联网与传统产业进行深度融合，推动经济发展形态不断演

---

①拉里·罗伯茨（Lawrence G. Roberts，1937年12月21日—2018年12月26日），美国科学家，现代互联网先驱。

变；"互联网+"不仅代表一种先进的生产力，也是信息时代推动人类生存方式变革的先进生产方式、思维方式和实践活动。

（三）"互联网+"的思维方式

人类生存方式的时代变迁，导致了人类思维方式的相应改变。当下的互联网时代，新型的信息化、智能化的生产生活方式，则催生并正在"生成着"人类的互联网思维方式。互联网思维，就是在（移动）"互联网+"、大数据、云计算等科技不断发展的背景下，对市场、用户、产品、企业价值链乃至对整个商业生态进行重新审视的思考方式。互联网思维的核心是"思维"，互联网只是媒介和平台。

互联网思维，是对"大一统"的工业文明的一种修正。它通过"去中心化""自组织""共生演化""涌现""开放共享"等方式，全面消解了工业时代引以为豪的"大规模生产、大规模销售和大规模传播"，使网络时代的个性化生产、私人订制和产销一体正在成为生产和销售的主流模式，展示出一个不同于农业文明和工业文明的"新的信息文明"。在互联网思维指导下的网络时代生产方式，更加体现了生产组织和生产过程的民主化，使科技以人文的方式来服务和赋能信息时代的生产和消费，进而展现了新的商业文明。

1. 互联网思维的多维性

从商业角度出发，互联网思维的多维性包括以下八点。

（1）用户思维：强调以用户为中心，一切从用户出发，以满足用户的需求为目的，注重顾客体验。

（2）简约思维：大道至简，强调简单、方便、快捷，拒绝繁文缛节、过度修饰。

（3）极致思维：超级注重顾客体验，追求产品美学，力争把产品和服务做到极致。

（4）迭代思维：强调产品的快速升级换代，根据市场变化，不断优化产品和服务，引领消费和时尚潮流。

（5）流量思维：让用户用起来，使应用产生价值，流量创造效益。

（6）社会化思维：反对集权思想，拒绝中心化，主张分布式、开放性和平等性民主参与。

（7）大数据思维：以数据为生产力，靠数据说话，依据数据做出科学判断和提升服务水准。

（8）平台思维：强调互联网平台建设，通过为用户提供"工具箱""连接器"等服务而打造网络的"生态共建平台"，靠平台服务产生价值。

（9）跨界思维：依托于互联网的信息穿透力和平台用户等资源，进行跨界合作。

互联网的发展是率先从商业消费领域入手，逐步扩展到经济、文化、社会和政治生活等各个领域，从而引发了人类社会的重大变革。如果向纵深的方向对互联网思维进行进一步的深刻反思，就可以发现，互联网思维其实是一种"高维思维"，它所引发的绝不仅仅是简单的"商业和财富""物理和化学"的变化，而是带来了人类对宇宙、生命和社会的重新思考，引发的是"整体生态性"的变革。这种高维生态思维与中国传统文化的"道法自然""天人合一"的思想有着"异曲同工之妙"。

2. 互联网思维的核心价值理念

归纳起来看，互联网思维体现出如下方面的核心价值理念。

（1）创新。互联网本身就是信息和通信技术创新的结果，互联网拓展了人类思维的新时空，创新精神成为互联网的核心价值理念之一。

互联网开拓了人类虚拟的数字化生存方式。在数字化的世界中，为人类开拓了一个虚拟实践的空间。人类的创新思维和各种奇思妙想都可以在虚拟的世界中展开实践，以理想的方式进行创意、设计和构筑，进而把创新的成果应用到现实的实践中。这种虚拟化生存和虚拟实践，提高了人类社会的创新实践水平，推动人类创新创造的发展。

（2）协同。互联网时代，改变了企业管理和竞争的模式，在数字技术的推动下，企业组织可以实现高效的"协同"，"共生协同"将成为组织发展与管理的新模式。

"互联网+"对企业原有的商业环境进行了升级，重构了新的商业生态。从前封闭性的企业管理模式已经无法适应信息时代的管理、营销和竞争新形势。因此，必须做出时代性的变革，用互联网思维对管理和营销的流程进行数字化、信息化改造，并在信息化的平台上进行社会化的营销。信息时代，企业间的竞争观念也需要进行改变，变单纯的竞争为基于合作的竞争和协同，甚至需要离开竞争、转向合作，以行业的协同来促成合作，以互联网的"利他"思维来"成全别人，成就自己"。

互联网时代的互通互联，可以使组织同处在一个庞大的网络空间环境中，并遵循着网状协同的逻辑不断演绎和扩散。网络时代，在"合作创造价值"的必然要求下，相同领域甚至不同领域的企业已经不再是竞争对手，"他人"不再是"地狱"，"同行"不再是"冤家"，而是荣辱与共的"命运共同体"。

（3）开放。互联网本身的网状分布式结构，就是一个去中心化的开放网络。开放可以说是互联网"与生俱来的基因"。互联网也正是因为基于建立在"IP协议、超文本链接和WWW用户接口"三个关键技术之上的逻辑架构，才决定了它始终可以保持一个"开放式的生态网络系统"，也因此才能广泛接纳分布在世界各地的计算机的自由登录访问，进而组成一个庞大的相互链接的网络，实现了信息的共享和交互。

与生俱来的开放性架构决定了互联网的成长也必须坚持开放的精神，广泛接入更多的用户，广泛拓展自己的网络领地，以实现更多的链接，扩大自身的网络节点，进而增强自身的网络价值。用户越多，链接越广，互联网产生的价值也就越大。因此，任何保守封闭的理念都是和互联网的开放思维格格不入的，开放是互联网的"天生基因"，也是互联网的"价值源泉"。

互联网的发展打破了世界各国、各民族交往交流的地域和时空限制，有利地促进了人类社会的普遍交往，推动了人类全球化的进程。世界各国、各民族也只有坚持开放的理念，才能融入全球化的网络大家庭之中。

（4）利他。在互联网的世界里，每一个要件和个体都是相互依存的，每一个节点自身的价值在于"他者"的多少和强弱。"他者"越强大，整个网络的价值也就越大。"成就别人，就是帮助自己"。在互联网的世界中，"利他"是不变的追求。互联网的发展实践也充分证明了互联网不是"你输我赢的零和游戏"，而是"平等对话基础上的互利共赢"："关心他者，尊重差异"是互联网的核心价值理念之一。

（5）共享。当今时代，一股强劲的"数字经济旋风"伴随着"互联网+"的发展在世界卷起。数字经济作为一种新的经济形态，不断冲击着传统经济的壁垒，抢占传统经济的市场份额，并逐渐成为社会经济增长的新引擎。数字经济的特点是：作为生产资料的信息和数据更容易复制和共享。这就打破了以往工业时代各行业间坚实的壁垒，使"跨界"成为一种趋势和常见的网络社会的商业模式。数字技术的创新应用使组织、顾客以及合作伙伴之间的价值关系得到了重构，催生出更多元的数字化生态，使得"共享"成为信息时代的核心价值理念之一。

与农业社会的"土地"，工业社会的"资本"不同，互联网时代最核心的生产要素是信息和知识。而信息和知识的最大特点是可以"共享"。在互联网等通信技术的作用下，信息和知识可以无限地复制，而且它传播和共享的成本几乎可以忽略不计。与土地和资本的独占性不同，信息和知识还具有"共享增益"的特点：共享的人数越多，范围越广，其价值也就越大。近几年兴起的共享经济就充分体现了互联网的"共享"价值。更为重要的是，共享经济的发展改变了人们传统的对生产资料和产权的私人占有观念，这对未来"私有制的积极扬弃"和实现"自由人的自由联合"具有划时代的意义。

互联网对价值的产生方式所实现的由"独创"到"共创"的方式改变，也催生了截然不同的企业组织生态，数字技术将帮助企业形成新的组织形态：企业可以构建技术框架下的信息化的沟通与共享能力，从而实现开放且具有弹性的"内部协同"，提升了服务客户的能力，由此，以顾客为导向的"价值共同体"就将在企业内部与外部的有效沟通中顺利实现。

（6）自由。在互联网的核心价值思想中，自由也占据了重要的地位。自由是内涵于互联网价值理念中的"核心理念"。从互联网的网络架构设计到网络信息的生产和传播以及网络赋予人类的虚拟生活世界，都体现着自由的思想和追求。

二、"互联网+"公共文化服务的内涵

公共文化服务主要目的是满足公民基本文化需求，利用"互联网+"创新公共文化服务，为公民提供个性、专业、高效、便捷的公共文化服务，是未来社会发展的必然趋势。

"互联网+"公共文化服务就是指将以互联网技术为核心的一系列信息技术（包括移动互联网、物联网、云计算、大数据技术等）高度融合并应用到公共文化服务领域，客观上丰富了公共文化服务的供给内容、促进了公共文化服务供给方式的创新，并改善了公共文化服务供给的质量与效率，从而形成一种内容更丰富、服务范围及人群更广泛、使用更便捷、过程更智能的公共文化服务新形态。

第二节 "互联网+"推动公共文化服务转变

"互联网+"成为推动中国经济社会提质增效升级的新引擎，"互联网+"具有高联通性、高知识性、高增值性等特征。"互联网+"带来公共文化服务的在线化、数据化，在互联互通、共建共享的模式下不断提高公共文化服务的质量和效率，更大程度地满足人民群众对于基本公共文化服务的需求，改善和保障文化民生。研究"互联网+"视域下公共文化服务供给模式，对于合理解决公共文化服务均等化和标准化的阶段性难题，指导公共文化服务领域结构性调整和宏观决策具有重要意义。

互联网就是利用现代信息通信技术以及互联网平台，让互联网与传统行业进行深度融合，创造出新的社会发展形态。公共文化服务已进入均等化发展的新阶段，面临标准化发展的新任务，呈现出融合化发展的新态势，国家从构建现代公共文化服务体系、创新公共文化服务供给方式、产业跨界融合发展三个方面发力，支持以互联网手段推动公共文化服务发展，推动城乡、区域、群体公共文化服务快速发展，推动公共文化服务和消费结构升级。

一、推动均等化发展进入新阶段

把城乡基本公共文化服务均等化纳入国民经济和社会发展总体规划及城乡规划，根据城镇化发展趋势和城乡常住人口变化，统筹城乡公共文化设施布局、服务提供、队伍建

设、资金保障，均衡配置公共文化资源。均等化逐渐成为我国公共文化服务的阶段性任务和工作重点。

（一）均等化发展的首要内容

城乡均等是公共文化服务均等化的首要内容，受城乡二元结构的影响，我国的公共文化服务在城市和乡村出现了两极分化的现象，城乡公共文化服务水平的落差既反映了城乡经济社会发展水平的不平衡，又助长了城乡公共文化服务差别的持续扩大。

以基层综合性文化服务中心为依托，推动文化信息资源共建共享，提供数字图书馆、数字文化馆和数字博物馆等公共数字文化服务；要充分发挥互联网等现代信息技术优势，利用公共数字文化项目和资源，为基层群众提供数字阅读、文化娱乐、公共信息和技能培训等服务，积极打通公共文化服务的"最后一公里"。也就是说，政策更加注重打破地域空间的界限，延伸公共文化服务半径，促进公共文化服务在城乡的微观落地。

（二）均等化发展的客观要求

区域均衡是均等化发展的客观要求，从国家政策对区域公共文化服务的倾斜方向看：

（1）促进城乡基本公共文化服务标准化、均等化发展，加大城市对农村文化建设的帮扶力度。

（2）结合国家扶贫开发总体规划，实施精准的文化扶贫，推动革命老区、民族地区、边疆地区、贫困地区基本公共文化服务实现跨越式发展。集中实施一批文化扶贫项目，并落实取消贫困县及集中连片特困地区等相关配套资金的有关政策。

（三）均等化发展的应有之义

群体平等是均等化发展的应有之义，是要保障老年人、未成年人、残疾人、农民工、农村留守妇女儿童等特殊群体享有基本公共文化服务。各地通过"量身定制"文化服务、启动立法程序等方式，将老年人、未成年人、残疾人、农民工、农村留守妇女儿童、生活困难群众作为公共文化服务的重点对象，有针对性地、平等地开展帮扶，重点保障这些特殊群体的基本文化权益，群体平等的公共文化服务均等化已经表现出趋势性特征。

二、标准化发展的新转变

（一）服务统一

服务质量、服务方式和服务内容发生变化，形成了集保障标准、技术和业务标准、评估标准为一体的标准化体系。服务方式上，从"粗放式"向"精细化"转变，通过梳理和完善工作流程、职责范围、服务标准，减少工作交叉，优化职能配置，有效避免行政部门的不良操作与现象，使相关工作的协调运转和有效衔接得到保障。同时，通过将行政流程纳入制度化和标准化的框架之内，将公共服务的方式、流程和内容固化，不会因人员的变动而导致公共服务标准的降低，并可将先进的管理标准覆盖到相对薄弱的区域和岗位，实现管理的可持续、可复制。

（二）监管规范

我国的公共文化服务建设已经从"建设"阶段发展到"管理"阶段，基础性建设已经基本到位或者逐步到位，现阶段公共文化服务建设就需要监管来维持。

我国公共文化服务建设标准化发展的基础，对政府责任、制度建设、设施建设管理、服务提供、保障措施、法律责任等方面的公共文化服务内容持续标准化提供了制度保障，是保障国家基本公共文化服务持续优化的必要手段。同时，各地区要根据本地区实际情况制定服务标准，特别是专门针对城乡基层的指导标准，并借助互联网技术等实现有效监管是未来公共文化服务标准化建设的重点。

三、显现融合化发展的新态势

（一）产品多元化发展

随着"互联网+"的不断发展，公共文化服务的供给内容、供给手段和供给方式都发生了改变。通过公共文化服务与科技、其他产业形态的融合，文化馆、图书馆、博物馆、美术馆、非遗中心、艺术院团和各类社会文化组织的优秀公共文化资源将被重新包装并赋予新的产品属性。

政府通过向社会力量购买等方式，可以为公共文化服务产品的展示、宣传和推广搭建起高效、便捷、规范的采购服务平台，从而更好地促进公共文化服务产品的持续多元优化。

（二）机制创新化发展

资源跨界和产品多元都离不开机制创新，整合公共文化服务资源，建设协调机制，将以公共文化服务标准化、基层综合文化中心建设等重点工作为着力点，加快融合，使公共文化服务从单一系统的"内循环"逐步转为面向社会的"大循环"，从而进一步提高公共文化服务水平，形成规模服务功能和效应，是公共文化服务能够实现融合化发展的托底保障。探索建立政府、法人组织、社会团体"三驾马车"联动的服务机制，建立针对特殊群体的无障碍服务机制等，都可视为公共文化服务融合化发展的创新，也是未来公共文化服务发展的趋势。

第三节 "互联网+"公共文化服务供给模式

一、"互联网+"公共文化服务供给模式的优势

供给模式及其效果具有两面性：①创新了公共文化服务手段、延伸了公共文化服务半径、丰富了公共文化服务产品和提升了公共文化服务效率；②存在行政约束性、监管无效性、对象限制性和供需不适性等问题。

我们强调运用互联网等手段推动公共文化服务供给侧改革，推动了公共文化服务供给方式的改变。政策发力的方向充分体现了国家致力于推动社会领域与经济领域改革同步进行，提升公共文化服务质量的决心。其积极作用体现在以下四个方面。

第一，创新了供给手段。随着科技的不断进步和我国居民收入水平的不断提高，人民对公共文化服务的需求也不断提档升级，将互联网技术运用到公共文化服务领域成为大势所趋。"互联网+"改变了公共文化服务的供给手段：①通过搭建各类互联网平台，拓宽了居民获取公共文化服务的渠道，增加了各类公共文化服务的可知性和可选择性；②为居民提供了可以通过电脑或手机等移动终端获取公共文化服务信息的可能性，例如苏州图书馆就推出了"网上借阅、社区投递"的网上借阅平台项目，极大地方便了社区群众借阅图书。

第二，延伸供给半径。"互联网+"技术在公共文化服务领域的应用，打破了区域空间的限制，通过构筑服务网络，延伸公共文化服务供给半径。

第三，丰富产品供给。通过构筑数字化的公共文化服务网络平台，公共文化服务产品供给不断丰富，主要体现在场馆服务、知识服务、艺术欣赏、文化传播和活动参与、虚拟场馆、交流互动等内容上。

第四，提升了供给效率。"互联网+"在改变公共文化服务供给内容、方式和空间范围的同时，极大地提升了公共文化服务的供给效率。

二、"互联网+"公共文化服务供给模式框架

"互联网+"公共文化服务供给模式的逻辑框架划分为三个层次。

第一，核心层。核心层是"互联网+"公共文化服务供给模式的主要组成部分。

核心层包括供给主体、供给构成、供给行为/方式、供给机制。

第二，驱动层。驱动层是核心层行为的驱动手段和影响因素构成。

驱动层包括技术手段的革新、供给与需求的矛盾、城乡的差异、财政资金支持方式等。

第三，效果层。效果层是对"互联网+"公共文化服务供给模式可能带来的结果的评判，或通过"互联网+"可能为公共文化服务供给带来的改变作用。

效果层包括"互联网+"公共文化服务供给的时效性、便利性、匹配性、升级性等。

技术手段的再革新供给与需求的矛盾城市和农村的差异财政资金支持方式供给主体供给构成供给行为/方式供给机制。

三、"互联网+"公共文化服务供给模式的优化措施

第一，供给主体由政府主导向多元参与转变。改变传统的公共文化服务多由政府作为单一主体提供的模式，构造中央和地方政府支持、市场和企业提供服务、社会（非营利组织）参与的公共文化服务供给主体组成模式，促进公共文化服务供给主体由政府主导向多元参与转变。各服务供给主体利用互联网技术手段，实现在公共文化服务网络平台上的有效连接，共同参与公共文化服务环境保护和供给方式、内容、对象等的创新。

第二，供给产品由大众普适向精准多样转变。"互联网+"的优势在于能够突破公共文化服务的在场局限性，以互联网为载体的数字信息产品通过移动网络技术使在场服务转变为在线服务，服务的可获得性进一步增强。充分发挥互联网在社会资源配置中的突出作用，公共文化服务供给产品将逐步呈现出完备化和精准化，实现由大众普适向精准多样转变。未来，大量公共文化服务产品通过互联网交易平台、在线技术等打开区域外部市场，区域间的公共文化服务资源可以实现无障碍自由配置，促进公共文化服务的区域空间流动。

第三，服务行为由单向注入向"菜单式"选择转变。与公共文化服务供给主体组合模式相适应，未来公共文化服务行为模式也将发生改变，体现在单向注入式的公共文化服务供给方式被打破，取而代之的是"菜单式"选择。这一转变主要通过政府购买公共文化服务、公共文化服务指定代理和公共文化服务开放经营三种形式来实现。服务"菜单"的设计与制定是基于互联网的公共文化数据库和分析系统，通过互联网数据挖掘技术，快速掌握居民偏好的公共文化服务产品来实现的。同时，可通过设立文化惠民电子卡的方式，对"菜单式"公共文化服务进行补贴，提升居民参与度。

借力"互联网+"，构造中央和地方政府支持、市场和企业提供服务、社会（非营利组织）参与的文化服务供给主体构成模式。构建基于互联网的文化数据库和分析系统，通过互联网数据挖掘技术，设计文化服务"菜单"。通过移动网络技术使在场服务转变为在线服务，通过互联网交易平台、在线技术等打开区域外部市场，实现区域间文化资源的无

障碍自由配置。通过文化数字资源整合开发，加强多网、多终端应用开发，实现文化发展信息共享、多级关联。

第四，供给机制由层级分解向联通共享转变。要实现公共文化服务供给机制由层级分解向联通共享转变，需要在建立公共文化服务信息共享机制、公共文化服务多级关联机制、公共文化服务区域联通机制、公共文化服务法治监管机制等方面下功夫。

探索在公共文化服务"互联网+"建设中引入社会化机制，加强公共文化数字资源整合开发，加强多网、多终端应用开发，实现公共文化服务信息共享、多级关联。要构建公共文化服务供给的层级网络，构造公共文化服务供给综合体，实现公共文化服务网络平台的区域联通。要建立公共文化服务互联网监测平台和群众性投票、评论、建议平台，提升公共文化服务的规范性、制度性。

四、"互联网+"公共文化服务供给模式的典型案例

供给主体、供给构成、供给行为、供给机制构建了对"互联网+"公共文化服务供给模式的要素研究框架。数据驱动、"云平台"、网上"淘宝"、综合平台是主要的"互联网+"公共文化服务供给模式，也是目前存在的较为典型的"互联网+"公共文化服务供给模式。

（一）数据驱动供给模式

文化机构可以将其拥有的文化资源通过移动终端直接推送到用户的手机或平板电脑上，利用门禁人脸识别系统，计算每天进出机构的人数，统计流量，及时调整服务时间；通过大数据研究分析用户偏好，调整服务内容和服务方式，满足读者需求；通过分析用户在展品前停留的时间和动作来判断用户感兴趣的领域。

1. 数据驱动供给模式的典型案例

（1）美国哈佛大学图书馆。美国哈佛大学图书馆把大数据服务引入图书馆，将图书馆大数据向读者公布。这些数据包含有书目数据、地图、手稿和语音视频等，并提供下载服务，帮助图书馆实现知识的扩展和满足用户的知识服务需求。

（2）北京故宫博物院。北京故宫博物院于2013年推出"数字社区"规划，推出了多个全方位数字化展示藏品的APP，建立了故宫世界文化遗产检测平台，将故宫中可移动、不可移动、动物和植物等多方面的物质内容进行全方位检测；搭建信息化工作平台，对采集的资源数据进行加工管理；建立不断更新的故宫博物院历史文档数字资源库、数字影像资源库和古代建筑信息系统。

（3）上海市中心图书馆体系。自2001年开始建设的上海市中心图书馆体系，是以上海图书馆为总馆，其他区（县）图书馆、高校图书馆或专业图书馆为分馆，街道（乡镇）

图书馆等为基层服务点而组建的图书馆联合体,其"一城一网一卡一系统"的服务平台已形成特大型的城市图书馆集群系统。在上海市中心图书馆即时数据展示屏上,基于对信息系统内海量数据的分析与挖掘,利用信息可视化手段进行展现,包括读者总人数、今日借出(归还)图书封面等内容,让读者可以充分地了解相关情况。又如通过分析借阅数据和读者数据,为图书馆合理配置馆藏采购、盘活资源提供了翔实的依据。

(4)佛山市盐田区图书馆。佛山市盐田区图书馆借助信息可视化、大数据、云计算、物联网和互联网等技术,可远程实时查询当前的开放状况、人流量、停车位、座席是否已满和在举办的活动等。根据读者所处的位置,通过智能手环、移动 APP 等感知读者,后台系统通过数据挖掘、分析读者的阅读历史和爱好等,结合图书馆目前的资源状态和服务内容进行推送,满足读者不同层面的需求。图书馆的空调、通风和灯光等系统也将随着人流量的多少而进行调节,达到环保节能的目的。

2. 数据驱动供给模式的归纳

数据驱动供给模式主要应用于图书馆、博物馆等大型公共文化服务场所,需要有一定的人流量。数据系统后台通过互联网技术感知并检测不同时间读者或游客的数量和行为活动,对不同时间的读者或游客数量及其行为活动进行分析,并得出读者或游客的位置、偏好等,向其推送公共文化服务数据信息并更新数据服务内容。这一模式充分发挥了数据的主观能动性,提高了公共文化服务设施和场所的服务质量和利用率。

3. 数据驱动供给模式的经验启示

数据驱动供给模式为我国及各地"互联网+"公共文化服务供给模式的打造提供了经验启示。

(1)以互联网为主要连接方式的数据驱动供给模式可以更有效地进行公共文化服务场所的自身管理,并且能够做到有效布局和实时监控等,这一模式更偏注于数据的收集、分析和管理。

(2)数据驱动供给模式能够极大地方便读者或游客等获取公共文化服务资源,提高选择效率。

(3)这一供给模式主要应用于人流量密集和服务多样的大型公共文化服务场所。

(二)"云平台"供给模式

以"文化上海云"为例,2016 年 3 月 26 日,从上海市文广局获悉,在 2016 上海市民文化节开幕的同时,集成全市公共文化服务资源的一站式数字平台——"文化上海云"正式上线,这也是全国目前唯一的省、直辖市级"一站式"公共文化服务平台。"文化上海云"集合了上海每年海量的公共文化活动信息，连通多家市级、区县、街道乡镇三级的文化馆、图书馆、展览馆、美术馆、文化服务中心。市民只需要通过手机 APP、网站、微信公众号等渠道，以热点推荐、兴趣分类、附近搜索等项目形式，快速查询并预约感兴趣的公共文化活动，然后通过发送到手机上的短信或二维码，便可完成预约。而且，市民自己成立的文化团体的活动，只要通过"文化上海云"网上登记审核，也可以免费预订、使用全市公共文化场馆的场地设施。

平台化是网络服务的新模式，它顺应了网络技术开放与互联的潮流，具有强大的功能性、适应性和灵活性。上海市努力打造"文化上海云"工程，发布《"文化上海云"建设三年行动计划》，推动市民通过网络终端访问公共文化资源，包括知识服务、艺术欣赏、文化传播、虚拟场馆、交流互动等内容，实现文化产品或服务的自选和消费。

在"文化上海云"的框架下，加快"数字博物馆群"建设，远郊区县依托有线、无线广播电视覆盖，东方社区信息苑和公共图书馆电子阅览室，完善网络宽带接入和扩容工作，从"村村通"迈向"户户通"，满足社会公众特别是未成年人、进城务工人员等对网络文化的需求，积极探索为视障等人群提供数字化（有声）阅读设施建设，走在了全国前列。

"云平台"供给模式是市民可通过电脑、手机、移动终端和电视接入，享受一站式公共文化服务。"云平台"供给模式为我国各地"互联网+"公共文化服务供给模式的打造提供了经验启示：

第一，"云平台"供给模式打破了公共文化服务场地的限制，同时也在一定程度上打破了区域的界限，是数据驱动供给模式的升级版，接入互联网的居民随时随地都能够获取公共文化服务信息。

第二，这一模式适用于国家和城市发展战略层面的统一规划和设计，且易于实现区域拓展和联通，是未来大城市公共文化服务管理的有效方式。但是这一模式的实现，一方面，需要强有力的技术支撑和强任务量，平台运营成本较高；另一方面，又需要不断优化和完善区域联通机制。

（三）网上"淘宝"供给模式

1. 杭州市"你点我送"网上预约配送服务

2008 年以来，杭州市以杭州群众文化网配送平台为主要通道，采取网上点击预约的方式，面向全市群文配送基层服务点，开展"你点我送"文化惠民活动，不断把"点播权"和"选看权"交给群众。在杭州群文网的配送节目菜单上，演出类菜单上可点击预约的团队有杭州哈哈艺术团、杭州新青年艺术团等；培训类菜单上有音乐、舞蹈、书法等各门类业务指导老师的名单，基层单位只要网上点击就能预约，并运用政府购买公共文化服务的方式来实现。

2. 嘉兴市"文化有约"服务平台

嘉兴市"文化有约"通过"互联网+"的形式建立综合性、一站式服务和管理平台，把许多共享的文化资源都整合到公共文化服务平台上加以运用，并推出"互联网"平台预约和"订单式"活动。它整合了文化系统内图书馆、文化馆、博物馆、美术馆和系统外科技馆、工人文化宫、青少年宫等各类资源，并由市级延伸到各县（市、区），由政府主办的公益性文化机构拓展到社会力量兴办的各类文化机构，实现了跨部门、跨行业、跨地域公共文化资源的有效整合。

3. 宁波市北仑区的"北仑文化加油站"

宁波市北仑区的"北仑文化加油站"通过整合和优化区、乡镇（街道）、村（社区）及辖区单位的文化阵地、文化活动、文化队伍等文化资源配置，采用一站式菜单管理，以"菜单"预约形式免费向基层群众提供培训、讲座、展览、演出等公共文化服务。"北仑区文化加油站"在北仑区文化馆设总站，在各村、社区、企业设分站点。开设涵盖站服务、分站服务、文化资源和配送公示四大功能模块、多个子项目的数字化服务平台，各分站点结合自己的实际需求，每月根据总站提供的培训辅导项目，在网上自行点单预约，总站根据分站要求按时配送。

4. 舟山市"淘文化"公共文化交易平台等供需对接平台

舟山市"淘文化"公共文化交易平台等供需对接平台是全国首个公共文化服务社会化运作平台，采用的是文化产品网上超市的运作模式。2014年4月，舟山开通全国首家文化买卖平台——"淘文化"网：有条件的社会组织、团队在这里开设"网店"，老百姓可以像"淘宝"一样自主点选喜爱的文艺团队和文体节目，政府则根据演出效果和群众满意度买单。2016年3月，"淘文化"产业平台正式启动，包括五大服务体系，即"淘文化""互联网+"服务中心、"淘文化"金融服务平台、"淘文化"双创文化集市、"淘文化"众创空间以及"淘文化"质量认证和知识产权中心，"淘文化"品牌将进一步深化发展。

5. 成都市"文化馆数字化全景式艺术体验平台"

2012年，成都市文化馆融合新媒体技术，建成了全国首个公共文化馆"数字化全景式艺术体验平台"；2013年，着眼成都市公共文化数字服务全域覆盖，探索公共文化数字化服务管理平台；2014年，提出了成都公共文化数字化服务和管理"三步走"，即分层次、分阶段、分步骤，由平面到立体，由单一到多元，由局部到全域，最终构建一个技术先进、资源丰富、服务高效、全域覆盖的公共文化数字化服务体系，开创成都的公共文化数字化生活。"数字化全景式艺术体验平台"打破了传统网站平面显示、静态展现的服务模式，通过"虚拟展厅"等的设计，为市民提供了新的文化生活方式。

6. 苏州市"书香苏州"项目

苏州市"书香苏州"项目是苏州报刊业开展的"全民阅读报刊行"活动，旨在通过这项活动全力推动全民阅读，为促进学习型党组织和学习型社会建设营造良好的社会文化氛围。推出"你选书、我买单"图书借阅服务，群众反响热烈。根据市民和书店分布情况，让有特色的民营书店参与其中，建立准入、考核、退出机制，构建覆盖城区的"你选书，我买单"服务体系，并将此项服务纳入"书香苏州"APP，线上线下同时进行，且免费配送。

总之，网上"淘宝"供给模式是在政府向社会力量购买公共文化服务和社会资本参与的基础上实现的。政府向社会力量购买公共文化服务的"淘宝"供给模式主要是由政府提供公共文化服务网络平台并运营，公共文化服务产品经由政府提供，社会力量扮演生产者的角色。网上"淘宝"供给模式为我国及各地"互联网+"公共文化服务供给模式的打造提供了经验启示：①网上"淘宝"供给模式代表了未来"互联网+"公共文化服务供给的运营方式，政府向社会力量购买公共文化服务和社会资本参与可以解决政府提供公共文化服务资源不足的问题；②各地进行的个性化有益探索可以为区域内公共文化服务网络平台的搭建和公共文化服务产品的选择提供新的借鉴模式；③从趋势分析，公共文化服务网络平台未来将趋向区域整合，并逐步规范化和标准化。

（四）综合平台供给模式

以北京惠民文化消费季为例，北京"惠民文化消费季"活动自2013年开展以来，以亲民惠民为根本，以跨界融合为重点，以市场整合为内容，以特色文化资源为亮点，开展了丰富多彩的文化惠民活动，促进了公共文化服务与文化产业的协同发展。惠民文化消费内容涵盖了从阅读、出版、演出到电影的传统文娱，从工美、文玩、非遗到文物、艺术品收藏的民族精粹，从装饰、珠宝、数码到动漫，近乎囊括了文化消费市场的所有领域。

通过政府搭建O2O大数据平台——"文汇天下"，开展网上惠民文化消费季活动，吸引京东、当当等多家电商平台，连续在网上推出文化消费促销活动。利用电商与网站交易平台、微信平台、银行支付平台和移动支付等合作的形式，参与到文化消费惠民活动中，搭建起北京网络文化消费的新平台。

综合平台供给模式是一种综合型的"互联网+"公共文化服务供给模式，它不再对公共文化服务和文化产品做区分，而是将文化品统一打包，创新性应用消费券，并与网站交易平台、微信平台、银行支付平台和移动支付等合作，实现网络平台的集成。综合平台供给模式是较为高级的"互联网+"公共文化服务供给模式。

综合平台供给模式为我国及各地"互联网+"公共文化服务供给模式的打造提供了经验启示。

第一，综合平台供给模式更加注重供需平衡，注重消费者的消费便捷性，同时实现了公共文化产品与市场产品的捆绑，做到了社会效益和经济效益的协同，这种供给模式更适用于公共文化服务与文化产业发展较为先进的地区和文化消费环境较为成熟的地区。

第二，后进地区在运用综合平台供给模式时要慎重考虑文化发展的阶段性特征和金位，合理规避由于网络平台的集合和消费供需矛盾带来的压力。

第四节　"互联网+"公共文化服务发展策略

"互联网+公共文化服务"的发展策略，如图 3-1 所示。

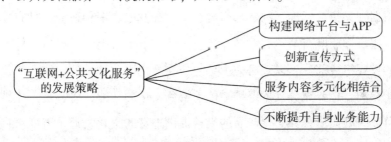

图 3-1　"互联网+公共文化服务"的发展策略

一、构建网络平台与 APP

从整体上推进公共文化服务的快速发展，"互联网+"是一个不可多得的机遇。

第一，各级政府需要构建网络平台，将各类公共文化服务内容置于其上。

第二，公众既可以通过桌面端浏览自己喜欢的相关内容，也可以通过移动端的 APP 观看或者选取自己喜欢的文化娱乐活动，而且提供公共文化服务的机构也可以通过 APP 向公众推送时事的文化活动安排，从而提高公众享受公共文化服务的整体水平。

二、创新宣传方式

宣传是推进公共文化服务发展的重要手段，但是创新公共文化服务方式不能采用一刀切的方式，应该分别对待。

对于老年人来说，他们的空闲时间较为充足，而且接触互联网不多，可以采用传统的传单、公告等宣传方式。

对于中年、青年、少年三类人群则可以通过短信、服务微信公众号、服务微博公众号、服务 APP 等方式进行宣传，充分利用"互联网+"的优势，提高公共文化服务的整体水平。

三、服务内容多元化相结合

"互联网+"是社会发展的必然趋势，公共文化服务应该顺应时代潮流，借助"互联网+"的力量发展自身，将各类的公共文化服务内容"上网"，可以推出"互联网+图书馆""互联网+文化馆""互联网+博物馆"等线上线下相结合的公共文化服务模式。

以通过开发 APP 使得公众能够借助移动端进行"下单服务""线上""线下"相结真实资料，避免如引文不当造成的断章取义等错误；可以借助网络强大的搜索功能广泛搜检，进行资讯对比印证，去粗取精，去伪存真。

四、本土化的融合发展

各地要根据国家指导标准，制定与当地经济社会发展水平相适应、具有地域特色的地方实施标准，逐步形成既有基本共性又有特色个性、上下衔接的标准指标体系。特色文化是文化建设的重要组成部分，以政府为主导的公共文化服务体系的功能，不仅表现在要维护公民的文化权利，也要充分发挥保护与传承特色文化的功能，将特色文化纳入公共文化服务体系，可以为高质量公共文化产品的供给提供丰富的文化资源。因此，在互联网的加持下，公共文化建设可以根据社会的发展需求，发掘特色文化固有的积极因素，进一步提升特色文化的品位和丰富公共文化服务供给的文化资源。

各级政府可以通过网络平台促成特色文化与公共文化之间的有效对接与良性互动，因地制宜，针对不同地区基层群众的文化活动习惯，结合当地群众需求、政府财政能力和文化特色，制定与区域经济社会发展水平相适应、具有地域特色的实施标准，建立国家指导标准与区域实施标准相衔接的标准体系，积极利用传统节庆、地方特色文化和群众习惯，开展当地群众乐于参与，游客便于参与的各类文化活动，提高服务的针对性和满意度，让不同地区与需求的群众自觉主动加入公共文化建设中来，从而使公共文化产品和服务的供给切实满足群众的文化需求，提高公共文化服务的质量和效率。

第四章 公共文化服务与群众文化活动建设

第一节 群众文化的内涵与建设形态

一、群众文化的内涵

（一）群众文化的本质

文化无论是对于社会、民族还是国家而言，都具有无比重要的作用。文化是整个社会的核心，在一定程度上决定了民族的发展方向，甚至成为保障国家繁荣昌盛的基石。如果想要推动中华文化的不断发展，使其成为世界先进文化，就必须重视群众文化，它可以有效推动先进生产力的发展。

群众文化具备的关键要素：①从时间上而言，群众文化有时间上的限定，即群众文化是人们职业之外的文化活动；②群众文化是以群众这一多数人为活动主体的，即是大多数人共同参与和认同的才算是群众文化；③群众文化是以满足群众精神生活需要为目的产生的，主要体现为娱乐和社会支持的需要；④群众文化是一种非职业性的自我创造、自我参与、自我娱乐、自我开发的群体性、社会性文化；⑤群众文化这一自发文化逐渐加入了政府主导因素，最终体现为一种被国家和社会所需要的公共文化；⑥群众文化涵盖的内容非常广泛，包括人民群众业余的一切文化活动，但从群众文化事业的角度划分的话，主要体现为文学艺术方面。根据群众的实际文化活动内容，群众文化内容应与国家的公共文化服务体系内容相一致。

（二）群众文化的特点

第一，群众性。群众文化必然具有群众性的特征，即某种文化必须被广大群众都接受和认可才能称为群众文化。群众性是相对于个体而言的，即那些受众少，只在极少部分人之间交流的文化不属于群众文化。当然，群众是一个相当宽泛的概念，我们还可以将群众进行分割，再细分出更小群体的群众文化，即城市群众文化、乡村群众文化、老年人的群众文化、青年群体的群众文化、青少年群体的群众文化等，不同群体内部的群众文化会有其各自的特征："群体"体现为群众文化的产生路径是来自群体之间的互动和认同，是群众自我生成和创造的一种文化。

第二，社会性。由于群众文化是群体性文化，是人与人在互动过程中产生的文化，因此群众文化必然具有社会属性。群众文化的社会性决定了群众文化对社会经济的发展具有不可避免的影响力和价值，好的群众文化可以促进经济社会的发展，不好的群众文化则会阻碍经济社会的发展。群众文化的社会性要求政府努力满足群众的基本文化需求，鼓励社会及群众积极开展有益身心健康的群众文化活动，并且对群众文化活动进行良性的引导和管理。

第三，自娱性。不同于学校教育的专业学科文化或者工作时需要的专业文化，群众文化是以满足人民群众自我娱乐为目的的文化，具有很大的生机和活力，并且体现出很强的创新性的特点。

第四，非职业性。群众文化是人民群众工作之余的文化休闲活动，体现出非职业性的特点，这种非职业性的特点表现为文化活动的主体是非正式、非强制、非商业性的，人们以自愿的方式聚集在一起参与某些大家认同的文化休闲活动以达到娱乐身心的目的。

第五，传承性与时代性。相对于许多专业的知识，群众文化具有天然的传承性优点，群众文化可以通过天然的代际传递的方式得以延续。同时，由于群众文化是根植于群众生活之中的文化，具有很强的草根性和生命力，因此很容易得以延续和传承。群众文化也体现出了非常明显的时代性特点，即每一个时代都有其独特的群众文化，这种群众文化是与当时的经济、社会、生活习惯等相协调的。

第六，倾向性和可诱导性。群众文化的主体是由有主观能动性的个体组成的，因此他们对文化艺术等文化活动的喜好是具有倾向性的，而这种倾向性也是对人们价值观念的一个侧面反映。群众文化的这种倾向性会形成群体的文化环境，对群体成员带来影响，从而影响成员个人的三观和文化喜好，也会间接影响经济社会的发展。同时，群众文化的这种倾向性是可以进行诱导的，通过积极引导和激励，群体文化活动的倾向性可以发生转变，比如通过开展厨艺大赛、广场舞比赛、摄影大赛等活动，可以激励人民群众锻炼厨艺、参与跳舞和摄影，逐渐改变群众文化活动的倾向性。正因为群众文化具有倾向性和可诱导性，所以，政府部门需要在提供公共文化服务的同时对群众文化活动多加引导，增强群众文化对经济社会发展的影响力。

（三）群众文化的作用

群众文化是以文化艺术为主要内容，以组织群众文化活动、开展社会文化教育培训和基层文化艺术辅导为主要职能，为群众提供公共文化服务的，这是由群众文化事业在公共文化服务体系内的特殊规定性决定的。群众文化事业是公共文化服务体系的一个重要组成部分，这是群众文化事业与公共图书馆事业、博物馆事业等公共文化服务体系组成部分的普遍属性或共同属性。公共文化服务体系是一个大的系统，涵盖了政府文化工作的众多方面，既包括文化、广电、新闻出版等系统，也包括宣传、教育、体育、科技以及妇联、残联、共青团、工会等系统；政府办的公共文化服务机构包括了文化馆（站）、图书馆、博物馆、美术馆、科技馆等，还有青少年宫、工人文化宫、老年活动中心、残疾人活动中心、妇女活动中心等。

二、群众文化的建设形态

（一）家庭群众文化

家庭群众文化①的特殊作用是联络感情、增进团结、互帮互助。作为社会的生活组织形式的家庭，既反映了社会经济基础的特点，也反映了社会上层建筑的特点。它同整个社会形态，先是与经济基础之间有着内在的、密切的联系。它的职能、性质、形式、结构，以及和它相联系的伦理观念、道德观念、法律观念和文化观念，会随着生产方式的变革而变化。根据家庭反映社会上层建筑的特点，家庭与群众文化又有着密切的联系。

第一，群众文化具有广泛的群众性。从古至今，不论人们的年龄、性别、教养、生活条件、社会地位、风俗习惯有何不同，总是对文化各有所求，特别在紧张的生产劳动之余，都需要有轻松、愉快、生动活泼的文化生活做调剂，以满足自己的文化需要，同时表现以家庭为单位参与社会性的文化创造活动和家庭成员自身的自娱自教的需要。

第二，自家庭形成后，任何时代的任何家庭的社会生活的组织部分只能有两个要素：物质生活、精神生活。尽管客观上存在着以婚姻关系和血缘关系划分的小家庭或大家庭，而且它们的类型不同、规模不同，但都有以下两个共同之处：①组成的家庭成员都是群众文化活动的欣赏者或参与者，无论老、中、青、少、幼，都需要相应的文化生活；②家庭的生育功能、教育功能、感情功能、保障功能及其经济功能，相似于群众文化不同的社会功能。所以，自从家庭形成以后，作为上层建筑意识形态内容的群众文化就渗透到每个家庭的日常生活之中，这种家庭群众文化随着家庭的延续而发展。

（二）校园群众文化

校园群众文化是指以满足学生精神生活需要为目的，以文化艺术活动为主要内容的一

---

①家庭群众文化是以单个家庭构成的或以一个家庭的成员与另一个家庭的成员之间在自由时间里从事的、具有群体性文化娱乐活动为特征的一种社会性文化。

种社会性文化。校园群众文化是随着人类社会教育制度的确立而逐步形成的。

中国教育制度的产生与发展，是校园群众文化形成的土壤。而随着社会主义建设事业的发展，校园群众文化日益成为教育的有机组成部分。校园群众文化从属于校园文化。关于校园文化，根据文化的多义性，可以分为广义的和狭义的：广义的校园文化指学校物质财富和精神财富的总和；狭义的校园文化则指学校群体精神生活的总和。原先作为提出校园文化概念的接近于群众文化范畴的课余文化艺术内容，应归属校园群众文化，包括校园群众文化的活动、工作、事业和理论研究等，涉及科学技术、文学艺术、体育、思想教育、娱乐等师生员工文化生活的各个方面。这样划分，能使校园文化的属概念与通称的文化、群众文化的属概念相一致，同时又保持自身特色。

校园群众文化是校园文化的一个要素。因而，校园群众文化不等于一般观念中的"课外活动"与"第二课堂"，也不能把它仅仅理解为学生课外的文化艺术活动。校园群众文化的主体是学生和教职员工，活动方式是自我进行的，教职员工在群众文化活动中起指导作用。学生和教职员工参与文化活动是为了获得精神需要的满足和身心健康的全面发展。校园群众文化是一项系统工程，包含着文化政策的制定、文化设施的建设、文化组织的建设、文化活动的开展及文化理论的研究等。其中，学生的文化活动是校园群众文化的核心内容。

（三）企业群众文化

企业群众文化是指通过企业员工的积极参与、自我娱乐、自我发展，促进企业员工身心愉悦，陶冶企业员工情操，使企业员工获得知识。通过企业群众文化建设，提高企业员工之间的凝聚力，培养企业员工的价值观、工作态度和精神信任，尊重和规范员工的行为。

企业群众文化是随着企业文化的产生而形成的。所谓企业，从广义的社会观点看，应该是一个资源转化体，即把劳动力、原材料、资金、设备和技术等转化为有用的产品，如商品、服务、就业、精神产品、市场等。在实现这些转化的过程中，企业自然要求获得尽可能多的利润，但同时必须高度重视对社会进行周到的服务和提供尽可能多的就业机会。企业在实行资源转化时，必须建立与资源提供者持续交换的渠道，必须创造和设计自己的一套内在的转化手段和技术，必须疏通、平衡内部与外部的各种关系。既然企业作为社会的一个基本经济组织、一个细胞，也就具有自身的文化特征。

企业群众文化是企业文化的一个要素、一种文化类型，它是企业文化的外在表现形式。企业群众文化的主要内容有两个方面。

第一，文化娱乐活动。文化娱乐活动是指企业开展的各种文化体育联谊活动，以及带有文化娱乐性质的庆典活动和传统民俗风情活动。文化娱乐活动有助于丰富和调剂职工生活，有助于沟通彼此感情、增加交往、陶冶性情，形成团结一致、和衷共济、奋发向上的企业精神风貌。

第二，思想教育活动。思想教育活动主要指企业开展的旨在提高职工文化素质和思想觉悟的各种活动，包括观念宣传、文化学习、树立模范等。观念宣传特指企业对自己的价值观念、企业精神、经营原则、目标宗旨、历史传统等内容进行宣传教育的活动，文化学习是企业对职工进行的科学文化知识、法律法规常识、专业技术知识、政治经济形势的普及宣传活动。在企业的思想教育活动中，模范人物是企业精神的缩影和企业价值观念的化身。通过学习模范，广大职工可以以身边的人物为榜样，学习和体验企业群众文化的实质含义。学习本企业本单位先进模范人物是开展思想政治工作和实施企业群众文化建设的有效手段和途径。

企业群众文化是一种潜在的生产力，是激励企业求生存图发展的精神源泉。它可以把企业内部的一切科技人员和全体职工的聪明才智充分发挥出来，提高企业内部的科学技术水平；它可以调动企业内部进行技术革新的积极性，促进企业内部挖潜、改造、采用新工艺、试制新产品，使企业朝着高新技术方向发展；它可以促进企业与企业之间的专业化协作关系发展，使企业布局和产品结构更加合理；它有利于企业引进和消化国外先进技术，提高企业内部的劳动生产率，提高产品质量，降低生产成本；它可以提高企业内部的经营管理和企业全面质量管理的水平。

（四）农村群众文化

1. 农村群众文化的构成要素

农村群众文化是指聚集在农村地域范围内的社会成员在农业生产劳动中形成的一种社会性文化。农村群众文化作为群众文化的一个子系统，有其相对独立的构成要素。

（1）农村群众文化是以一定的农业生产关系与其他社会关系为纽带组织起来的，具有一定数量规模的、自觉参与群众文化活动的人群。

（2）人群进行群众文化活动的场所是具有一定规定范围的农村地域或农民群众参与文化活动的聚集场所。

（3）农村群众文化有一整套相对完备的、可以满足大多数农民基本精神生活需要的文化生活服务设施。

（4）农村群众文化有一系列相互配合的、以满足农民群众文化生活需要的制度和组织。

（5）农民对所占有的文化消费在生理上和心理上的认同和归属。而在具体理解这五个要素时，要运用同一事物中不同组合成分之间的观点。其中，人群是农村群众文化的主体。

2. 农村群众文化的意义

中国属于发展中国家，又是农业大国。农村群众文化与我国的农业生产力的基本协调发展，具有典型意义。

（1）中国的农业生产力的发展，是从传统的封闭型的自给自足小农经济为主体的家庭农业中起步的。在相当长的历史时期里，农民群众仅仅凭着原始的土地意识，从事一些单一的农业产品生产活动。而因时因地产生的属于中国农村群众文化范畴的一些文化形态，只能与当时不发达的农村经济基础状况相适应，并且暴露出先天的自发状态的不确定性、不稳定性。

（2）随着家庭联产承包责任制的实施，中国农村发生了巨大的变化。原来"三级所有，队为基础"的人民公社管理体制被家庭联产承包责任制取代，乡镇企业异军突起，使农村经济结构发生了较大变化，不仅将农村剩余劳动力从土地上转移出来，为农村致富开辟了道路，而且使农村经济逐步纳入全国统一的市场经济中，并开始准备与国际市场接轨。这些变化加快了农业现代化的进程。

中国农村社会主义生产力和生产关系的调整、完善和发展，一方面，影响了农民群众历史上形成的保守落后的生产意识和思想观念；另一方面，又以充分解放农业生产力的角色，使农民群众那种缺乏能动性的劳动意识转化为自觉地运用先进的生产工具、农业科技从事生活资料生产的意识。由于有了农业经济诸方面客观因素的相互作用，中国的农民群众日益感到一般的物质生活的实惠，不再成为他们在日常生活中所追求的唯一目标，而科学技术、文化教育却成了他们日益增长的生活需要。由此得出，农业地域的发展突出表现在以专门从事农业经济活动的农业人群的形成而农村中不断发展的新的经济基础，恰恰又成了农村群众文化得以客观存在的条件。

（五）城市群众文化

城市群众文化是指在城市地域内形成的，以适应异质性非农业人口多层次文化生活资料消费需要的一种社会性文化。群众文化的历史告诉人们，代表新兴生产力的群众文化的优秀成果，大都在城市得以产生、保存和传递。从这个意义上而言，城市群众文化的形成，显然离不开城市的兴起和发展。城市是人口集中、工商业发达、居民以非农业人口为主的地域，通常是周围地域的政治、经济、文化的中心。人口密集、交通方便、经济繁

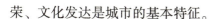

荣、文化发达是城市的基本特征。

只有有了城市，并在这个有机联系的整体中，人类文化的内容才会飞速繁荣。于是，与此相适应的城市群众文化也逐渐成为联系不同职业阶层的城市居民精神生活的纽带，同时将每个触角渗透于个人生活的各个方面。

随着经济体制改革的深入进行，中国城市企业的素质提高，城市建设和城市改造工作进展迅速，这一切都标志着中国城市质量的提高。中国城市按城市在国家行政管理体系中所处的不同地位进行划分，分为属省级行政区的直辖市、属地级行政区的地级市、属县级行政区的县级市。除此之外，也可以根据该市是否设区，将直辖市以外的市分为设区的市、不设区的市。

（六）乡镇群众文化

乡镇群众文化是指介于农村和城市之间的行政建制镇形成的，以兼容非农业居民和农业居民的文化需要为主体的，并且吸收和消化城市群众文化后的一种社会性文化。构成乡镇群众文化的要素有四个。

第一，乡镇地处城市和乡村之间，乡镇群众文化在城乡物质、文化交流的网络中具有桥梁作用。

第二，乡镇的社会成员具有混合型的人口结构。乡镇是农村剩余劳动力的转移场所，由于剩余劳动力的转移形式不同，乡镇人口结构表现出复杂的混合形态。在中国，根据户口形式划分，乡镇人口分为在镇范围内的农业户口、非农业户口和户口不在镇范围内的人口两大类。根据居住形式划分，乡镇人口分为住镇人口和摆动人口两种。住镇人工作、居住固定在镇；摆动人则在镇工作，回原所在村庄休息。乡镇社区的混合型人口结构表明，乡镇地域的居民同农业、农村有密切的关联。

第三，乡镇的经济基础具有较强的自主性。乡镇上相当一批经济企业是依靠农村集体经济积累和农民自筹资金建设起来的，这些企业在很大程度上依赖市场。这些原因决定乡镇经济基础有较强的自主性，即企业对经营方向、方针和方式有很大的决定权。这种自主性使乡镇经济立足市场需求，通过创造新的经营机制促进企业高速发展。

第四，乡镇具有城乡结合的文化生活方式。乡镇群众文化体现着城市和农村两种文化的结合与交融，既有所处农村地区的"农村群众文化"的特质，也有从城市接受的"城市群众文化"的因素，两者根据乡镇的特点融为一体，形成乡镇地域别具一格的群众文化体系。由于乡镇居民大多是新近从农村转移而来的，他们的文化生活方式和价值观念自然带有农村特色。同时在较为接近现代的生产方式和城市群众文化辐射的影响下，乡镇群众文化往往根据自己的条件和需要，将城市的文化生活方式加以改变后而采用。这种"转换"对促进城市文明向农村渗透有重要的意义。

乡镇群众文化的形成，还要依赖于乡镇的形成与发展。乡镇，又称为小城镇，是具有一定人口规模并聚集着一定规模的非农业活动的聚落。乡镇一般是在集市的基础上发展起来的，至今已有多年的历史。由于乡镇的发展，从而拓宽了群众文化的活动区域，丰富了群众文化的内涵，也使一种新的文化类型——乡镇群众文化脱颖而出。

第二节　公共文化服务体系下的群众文化

公共文化服务是群众文化的基本功能，群众文化事业是公共文化服务体系的重要组成部分。公共文化服务的建设原则，即公益性、基本性、均等性、便利性都是群众文化服务应遵行的基本原则。

一、群众文化与公共文化服务的联系

群众文化事业是公共文化服务体系的源头之一。我国群众文化事业是在革命战争年代兴起，在中华人民共和国成立后逐步发展并成为中国特色社会主义文化的重要组成部分，成为具有相对独立文化价值的服务系统，从而成为我国公共文化服务体系建设的重要基础。公共文化服务体系是我国公益性文化事业发展的一个新的阶段，是在我国长期形成的群众文化事业、公共图书馆事业、博物馆事业等公益性事业发展的基础上建设的，群众文化事业是其源头之一。我国的群众文化事业经过长期的建设，已经形成了省、（地）市群众艺术馆、县文化馆、乡镇（街道）文化站、社区（村）文化室五级群众文化网络，公共文化服务体系的五级网络，正是以群众文化网络为骨架形成的。

二、群众文化的载体类型

（一）文化馆

文化馆的文化属件和社会属性决定了文化馆必须以多样的文化活动为载体，积极组织开展各种形式多样、内容丰富的群众文化活动来丰富公共文化服务内容。

1. 文化馆的性质和职能

文化馆是指由县和县级以上人民政府设立的公益性文化事业机构，是广大群众进行文化艺术活动的重要场所，是向群众开放、为群众提供文化服务的公共文化场所和广大群众终身教育的课堂，是承担政府群众文化工作职能、繁荣中国群众文化事业的主导性业务单位。文化馆通过开展群众文化工作，丰富群众文化生活，宣传党的路线、方针、政策，进行社会审美、德育教育，实现人民群众的基本文化权益。

文化馆的基本职能是组织群众文化活动，普及文化艺术知识，辅导培训基层文化骨干，挖掘、保护、传承非物质文化遗产。

2. 文化馆的主要职责及任务

（1）组织开展文艺演出、展览、讲座等群众性文化艺术活动，是基层群众文化活动的中心。县文化馆侧重组织群众文化艺术普及活动，负责对乡镇、村群众文化活动的指导。

（2）受政府和文化行政部门委托，承担政府交办的文化下乡、开展社会教育培训等公益性文化服务工作。

（3）组织配送和传输公共文化资源，深入基层开展流动服务，保证公共文化资源进村入户。

（4）辅导、培训基层群众文化队伍，成为基层群众文化队伍的培训中心。省、市文化馆侧重培训县文化馆和乡镇综合文化站干部和业余文艺骨干，县文化馆侧重深入基层辅导业余文艺队伍。

（5）组织、辅导和研究群众文艺创作，促进优秀群众文艺作品的创作和推广。省、市文化馆侧重组织群众性文艺创作活动、辅导群众文艺创作队伍、创作优秀群众文艺作品，文化馆侧重普及、推广群众优秀文艺作品。

（6）开展群众文化政策理论研究，为当地公共文化服务制度设计和区域文化发展提供政策建议与决策咨询。

（7）协助文化行政部门开展非物质文化遗产保护的相关工作。

（8）开展群众文化数字资源建设，开设公益性电子阅览室，有针对性地开展数字文化信息服务。

（9）指导本地区老年文化、老年教育、少儿文化工作。

（10）在主管部门指导下开展与中国港、澳、台地区及外国的文化交流。

3. 文化馆的地位

准确把握文化馆性质和地位，充分认识文化馆在构建公共文化服务体系中的重要作用，就要明确公共文化服务体系的内在含义。

文化馆的地位，是强化政府文化管理和服务职能，构建覆盖全社会的公共文化服务体系，作为文化体制改革的主要目标任务。

推动社会主义文化大发展大繁荣，坚持把发展公益性文化事业作为保障人民基本文化权益的主要途径，加大投入力度，加强社区和乡村文化设施建设。

公共文化服务体系建设作为文化建设的重要内容，已为全党、全社会所共识。公益文化事业是构建社会主义和谐社会、建立和完善公共文化服务体系不可缺少的重要内容，文化馆则是公共文化服务体系的重要支撑和社会主义精神文明建设的主要阵地。因此，全面提高公共文化服务水平，已成为目前包括文化馆在内的公共文化服务机构的主要课题。

4. 文化馆在公共文化服务体系中的作用

文化馆作为公共文化服务体系的重要组成部分，应该在明确自身职能的基础上，进一步解放思想，面向社会公众，不断拓宽服务领域，扩大服务对象，拓展文化馆的社会教育职能，发挥文化馆等公共文化机构在培育民族精神、提高国民素质上的积极作用，使文化馆成为公民终身教育的学校，成为宣传党的方针政策的宣传教育中心、群众文化中心、非物质文化遗产保护的展示中心、基层群众文化骨干的指导培训中心。

找准文化馆在构建公共文化服务中的位置须从以下方面出发。

（1）树立文化馆的"职能观"，明确"主体功能"。新时期文化馆的文化价值主要体现在主体功能上，在群众文化体系中处于核心地位的是群众文化活动，由组织、辅导和研究三大要件构成。因此，我们只有在明确文化馆业务主体地位的前提下，才有可能实现文化馆的社会价值。

（2）树立文化馆"社会化"发展理念，明晰发展方向。文化馆是要代表政府完善公共服务职能，提高公共文化服务水平，加强公共文化服务体系建设，为人民群众提供丰富的公共文化产品和公共文化服务的单位。要坚持社会力量支持参与的发展方向，在强化政府文化责任的同时，重视发挥社会文化资源作用，探索建立社会参与、机制灵活的公共文化服务供给模式。

（3）加强文化馆专业化、标准化运营管理。进一步加强和规范文化馆工作的标志性文件，明确文化馆在办馆条件、队伍建设、公共服务、行政管理等方面的具体量化标准。各级文化馆要以评估定级为契机，对照评估标准不断规范和加强文化馆全面建设。

（4）发挥共建共享资源优势，实现多元化主体运作。围绕公共文化服务，文化馆应发挥自身的优势，着重做好以下方面。

第一，用群众喜爱的作品来提高公共文化服务质量。构建公共文化服务体系光有好的文化设施是远远不够的。要满足人民群众文化需求，必须存一流的文艺精品，用群众喜闻乐见的文艺节目来充实这些现代化的文化设施，才能构成公共文化服务体系。文化馆是开展群众文化的龙头，必须在提高公共文化服务的质量上。丰富多彩的文化艺术有益于人的发展，有益于人的身心健康，有益于和谐社会的构建。

第二，用多样的文化活动丰富公共文化服务形式。人在精神上的需求是多方面的，这也就决定了现在的群众文化需求也是多方面的。公共文化生活的多样性主要体现在：要具有广泛的社会性、全民的参与性，活动形式本身的多样性以及活动对象的广阔性，另外还必须与时代同步，具有现代品格，被广大人民群众所喜爱，这样才能发挥以优秀的作品鼓舞人、引导人、影响人、感染人的作用。

第三，用丰富的社会资源培养公共文化服务骨干。人才是"小省区办大文化"的有力保障，有了人才就有了生命力和活力，开展基层群众文化活动，需要一批具有较高素质的文艺骨干和各类人才。文化馆历来都是城市基层群众文化活动的中心，受众面广，场地便利，非常适合用于组织与培训公共文化服务骨干。文化馆要最大功能发挥作用，积极与各级部门紧密配合，共同动员驻区企事业单位学校、机关、部队等，共同举办文化活动，提高文化活动的覆盖面。

第四，利用文化馆优势资源推进非物质文化遗产的保护。文化和旅游部、财政部启动的中华民族民间文化保护工程，旨在全面推进中国非物质文化遗产保护工作。开展非物质文化遗产保护工作不仅是文化馆固有的职能，同时也为文化馆提供了发展空间。各级文化馆要利用人才优势、阵地优势、活动优势和资源优势不断推进非物质文化遗产保护。

5. 加强和改进文化馆建设

（1）以科学发展观指导不断加强和改进文化馆建设。树立和落实科学发展观对文化馆确立正确发展目标，坚持正确发展道路，选择科学发展模式，运用现代发展手段，制定科学发展战略，推进文化馆全面、协调、永续发展，有着重大的现实作用和深远的历史意义。当前，党和政府高度重视文化建设，为各级文化馆建设创造了千载难逢的机遇。因此，从科学发展观要求，分析探讨文化馆建设存在的突出问题和解决途径很有必要。

科学发展观是在准确把握世界发展趋势、认真总结发展经验、深入分析中国发展阶段性特征的基础上提出的重大战略思想，是对经济社会发展一般规律认识的深化，是指导发展的世界观和方法论的集中体现，是推进社会主义经济建设、政治建设、文化建设、社会建设全面发展必须长期坚持的指导方针。

近年来，全国各级文化馆在各级党委政府的正确领导下，紧紧围绕服务当地社会经济建设大局，克服重重困难，积极开展了一系列卓有成效的群众文化活动，受到了当地政府的肯定和群众的赞誉。

（2）努力开创文化馆工作新局面。

第一，振奋精神，开拓创新。新的形势不仅给文化馆建设提出了新要求，同时也带来了前所未有的发展机遇。作为一名从事文化工作特别是在文化馆工作的人一定要振奋精神，与时俱进，以科学发展观统领文化馆全面建设。立足区域的现实情况，以科学发展观为统领，实现文化建设科学发展，不仅是我们每位文化馆人贯彻和落实科学发展观应树立的文化工作新理念，也是我们抓好文化工作的方法和手段。因此，要立足实际，解放思想，勇于创新，力求工作有新突破。

第二，开门办馆，重心下移。科学发展观的第一要义是发展。面对日益增长的群众文化需求及其差异性、多样性特点，文化馆必须创新文化活动形式和内容，倡导多样化的文化氛围以吸引群众，实现开门办馆。要搞好馆办活动，凸显文化馆坚持公益性阵地活动、重视培训和辅导、面向不同人群提供各类文化服务的主要功能，就要牢固树立和落实科学发展观，以解放思想带动思维创新，立足公益激发活力，不断拓展服务领域和服务方式，应将公共文化服务项目向社会公示。要把工作重心下移到基层，深入乡村、社区、厂矿、学校组织开展丰富多彩的文化活动，创造大众化的精神文化产品，提供健康向上的文化服务内容，满足基层群众的文化需求。

第三，打造影响力强的公共文化服务品牌，让公共文化活动影响更加广泛。开展公共文化服务活动，除了发挥公共文化阵地的作用，还应创新公共文化服务的项目，塑造在当地有影响的公共文化服务品牌，提升群众对一个地方文化馆的认可度。

第四，培养一支专业的创作辅导队伍。构建公共文化服务体系需要建设一支脚踏实地、敬业奉献、有较高文化水平和艺术专长的公共文化服务队伍，这支队伍必须既能生产公共文化产品，又能提供公共文化服务。加强公共文化服务关键在于人，在于培养和造就一支素质高、业务精的文化馆专业队伍。同时，要强化文化馆内部管理。摒弃那些不符合科学发展观要求的制约公共文化服务、影响文化馆建设的陈规陋习，建立健全内部管理机制，纠正专业人员"兼职"过多，以"带班"增加个体收入替代公共文化辅导，以"副业"代"主业"的错误做法，最大限度地发挥专业人才和公共文化设施在公共文化服务中的作用。

（二）农村文化大院

农村文化大院（含村级文化室、文体大院、文化体育户、示范户，通称为农村文化大院），是组成农村文化的重要元素，也是新形势下新农村的时代文化载体，属于农村"大文化"范畴。目前，农村文化大院的存在类型主要有村级综合文化活动中心、自然村的文化活动室、文化大院、家庭文体示范户等。这些都是根据本村实际，因人、地、设施制宜而存在与发展的。

1. 农村文化大院的作用

（1）接受教育、提高素质。在对农民的教育方面，农村文化大院是乡村各级组织做好群众思想工作的主要阵地。尤其是村级两委会，可利用这块阵地，对农民进行政策法规教育和农业科技培训；还可通过读书、看报、上网等形式，使村民掌握大量的科技知识和致富信息。因此，农村文化大院便是农民群众接受教育的大课堂。在这里他们接受着各方面的教育，既提高了思想道德素质，又提高了科学文化素质，还开阔了市场经济的视野，广大老百姓对此拍手叫好。

（2）陶冶情操，愉悦身心。活动形式多样、内容丰富的农村文化大院，主要由秧歌、戏剧、歌会、诗会、故事会、交谊舞、健美操、歌舞节目、各类社火、棋牌类、球类、书报阅览、电视、录像、讲座、培训等农民喜闻乐见并积极参与的活动组成。农民们在这里参加活动，能忘却一天的疲劳，既可得到精神上的愉悦和陶冶，又能锻炼身体，还营造了广大农村的社会稳定、人民安居乐业的良好局面。

（3）融洽关系，增进和谐。农民们在劳动之余通过参加文化大院的各种活动，人与人之间进行广泛的接触、交流与沟通，既增加感情联络，还有利于改善邻里关系，干群关系和民族、家族、家庭成员之间的关系，使大家在欢乐的气氛中和睦相处、其乐融融，这对解决农村中的一些棘手问题和缓解矛盾、化解纠纷都会收到明显的效果。

（4）为农民文艺表演团队的发展提供了方便。从目前农村实际看，凡是活动开展较好的文化大院，多数都有一支活跃的农民文艺表演团队作为主力军，这些团队一般都以家庭为基础组建而成，再有一批爱好者自愿参加，运用各种表演形式，自编自演、自娱自乐，这不但为各团队之间的交流提供了平台，还让文化大院和文艺表演团队两者相得益彰。

（5）弘扬优秀，抵制落后。加强农村文化大院的建设，让其发挥应有的功能，就会让先进的、优秀的、健康的文化占领农村这块阵地，让那些与建设社会主义新农村不相协调的现象无生存之地，才能达到弘扬先进文化、抵制落后文化的目的。

2. 农村文化大院的发展趋势

多年来，农村形势发展与各项方针政策的落实为农村文化大院的建设与发展创造了良好的机遇，而且各地的发展每年都有创新。农村文化大院的发展趋势主要表现为以下方面。

（1）建设标准越来越高，近年来，政府组织配备了电脑、电教设备、DVD、电视机、电影机、投影机、乐器、体育器材、图书等设施设备，为农民群众提供了较大规模、较高档次的综合文体活动场所，使农村文化大院形成了一种积极向上的发展趋势。

（2）活动内容更加丰富。随着政府及有关部门各项方案、日程的启动，农村文化大院的活动内容也随之增加，如宁夏回族自治区政府及各有关部门组织实施的"文化服务进农家工程""农村文化服务九个一批工程""科技、卫生、法律服务下乡""体育下乡、篮球进村""信息共享工程网站""少生快富"工程等面向农村的各项活动开展得如火如荼，使文化大院的活动内容不断增加。

（3）广大农民群众的参与积极性也越来越高。真正体现了农村文化活动的广泛性和群众性。

（4）庭院文化的发展速度更快，潜力更大。以村级文化活动室为龙头，以家庭文化大院、文化户为辐射的村级文化网络将会以小型、多样、方便、灵活的特点而更具发展潜力，其社会功能也不可忽视。大家聚在一起，开展一些健康有益的娱乐活动，这样既愉悦了身心，又交流了致富经验，这是把文化大院的社会服务功能与家庭经营功能有效地结合起来而产生的强大生命力，应该鼓励其加快发展。

3. 农村文化大院的优化措施

农村文化大院的建设和发展，是农村经济发展的需要，是农业生产力发展的必然，也是广大农民群众的迫切愿望，更是社会主义精神文明建设的需要。

（1）各级政府大力扶持。农村文化大院是农村中一块重要的文化阵地，各级政府给予大力扶持。这种扶持，一方面，是指政策上的扶持，即制定相关政策，如对牵头开办文化大院的农户或个人实行有关税收、统筹、提留、义务 X、占地等方面的优惠补贴或适当减免，充分调动他们开办文化大院的积极性；另一方面，是给予配套资金扶持，对农村文化建设，中央和各省每年都有专项资金，各市、县（区）及乡（镇）都应有相应的配套资金，应有一定比例专门用于扶持农村文化大院，才能使农村的这块阵地得以长期巩固。

（2）各级文化主管部门正确引导。农村文化大院如果发展形成一定规模，就会涉及方方面面的问题，这就需要文化主管部门的引导。包括在政策上的倾斜和各方面的支持，还包括做好相关的服务工作，同时还要在政策指导、业务辅导、办理证件、人力、物力、场地及活动内容等方面给予积极协调与正确引导，以保证文化大院沿着健康、有序、顺畅的轨道向前发展。

（3）各级业务部门做好辅导与服务。有了政府的人力支持和主管部门的正确引导，农村文化大院建设与发展的具体实施，应由各级群艺馆、文化馆、文化中心、文化站承担。各省、市、县群艺馆、文化馆应把辅导农村文化当作重要工作，专门设立一个文化馆站工作辅导部室，对所属的基层文化工作进行切合实际、卓有成效的辅导、培训。还应把文化大院的建设与发展当作一个重要课题来研究。尤其是通过调查、走访、摸底，搞清各地文化大院现阶段的发展状况，了解农业需要哪些辅导、帮助，文化大院需要哪方面的支持，从而有针对性地对各地文化大院的建设与发展"对症下药"，只有这样，才能真正把文化大院的工作抓到实处，使广大农民群众真正感受到党和政府的关心与温暖。

（4）社会各界积极支持。农村文化大院属于社会文化和群众文化的大范畴。群众文化群众办，办好文化为群众。因此，社会各界在支农扶贫的同时，也应把支持农村的文化建设作为一项主要内容，包括乡村企业也应对文化大院从人、财、物各方面给予一些力所能及的支持。这样更符合在"共建中共享，共享中共建"的理念。

农村文化大院是农村文化最基层、最坚实的载体，也是能使农民最直接受益的地方。可以说，农村文化大院的发展直接关系到农村文化建设的成败，只有把农村文化大院建设好、发展好，才能使农民的素质得到提高，才能真正促进农村各项事业的健康发展。

（三）农民文艺团队

1. 农民文艺团队的定位与特点

农民文艺团队，也称为自乐班，是组成农村文化的重要元素，身处农村文化的最前沿，也是新农村建设时期的文化主力军，属于农村"大文化"范畴。

一般是以个人出资牵头，以"自愿组团、自主经营"为原则，以戏剧、舞蹈、小戏、小品、表演、曲艺、杂技、魔术、各种锣鼓、舞龙、舞狮、秧歌、社火、杂耍、武术、健身操、交谊舞、非遗保护项目传承等为表演形式，以专业团体退休艺人或学校退休教师为骨干，以本村或社区、家族、家庭、亲属、朋友、邻里中有专业特长及爱好者为主要参与成员，以村部文化室、戏台、文化大院、街头、庙会等为活动场地，具有直接、灵活、方便、不受上下班时间限制、群众能随时随地参与、触角可延伸到农村的每个角落的特点，为丰富农民群众文化生活发挥了其他形式都不可替代的作用，大大促进了农村和谐社会的建设与发展，是农村文化建设的重要力量。

2. 农民文艺团队的必要性

（1）农民文艺团队的形成与发展是满足农民们日益增长的文化需求的必然结果。随着农民群众物质生活水平的提高，追求丰富多彩的精神文化生活的需求也随之增加。农闲时节、茶余饭后，他们不仅要学习先进技术，掌握科技致富的本领，在物质生活不断提高的同时，还要不断满足日益增长的精神文化需求，更要主动参与和积极要求表现自我。这应该是其文化自觉的一种体现，也就是农民文艺团队形成的社会基础。

（2）农民文艺团队的形成是用先进文化占领农村文化阵地的需要。加强农民文艺团队的建设，让健康向上的文艺形式去占领农村文化阵地，又能让广大农民在自娱自乐中接受教育，更能优化农村的社会文化环境。

（3）建设农村文化大院是改革开放的需要。农村的改革正在继续深入进行，其成败关键是能否通过改革使生产力得到发展、农民更加富裕。农业要发展必须实现科学经营、开放经营和产业化经营，这一切都离不开科技知识的普及与提高。通过农民文艺团队自编自演节目的宣传与普及，让农民在娱乐中自觉不自觉地接受先进的科技知识和信息，掌握更多的致富本领，早日走向更加富裕之路，这不但符合改革开放的目标和要求，也是贯彻落实党的富民政策的具体措施。

（4）农民文艺团队是体现农民文化自信、自尊、自强的阵地，也为广大农民群众提供了一个展现自我的广阔舞台。凡是农民文艺团队活跃、农村文化生活丰富的地方，各项事业的发展成就都很显著，当地群众的综合素质和幸福指数也高。

3. 农民文艺团队的作用

作为农村文化重要载体的各类农民文艺团队，在当地的文化繁荣与发展进程中发挥着其他形式都不可替代的作用，它通过舞台表演和各类活动的举办，既可满足广大农民群众的精神文化娱乐需求，还吸引了众多农民群众的广泛参与，在农村形成了一个强有力的凝聚作用，其功能与作用不可忽视。

（1）农民文艺团队是农村文化建设的重要标志。在农村，一些农民文艺团队利用自己的各种表演形式，既承担着党在"三农"方面各项方针政策的宣传责任，还肩负着各类节庆活动的重任，甚至在一些对外活动中还担任着展示当地风格特色的标志性角色。

（2）农民文艺团队是当地的重要文化品牌。凡是当地的节庆或是迎接来宾等重大活动，唱主角的都是农民文艺团队，参观者不管是各级领导还是外地或当地的嘉宾，最想看到的和留给人们印象最深的还是能代表本地特色的品牌节目，这些品牌和特色的体现多数是由各类农民文艺团队来完成的。

（3）农民文艺团队在当地具有凝心聚力的作用。常年活跃在最基层的各类农民文艺团队，其足迹可以遍布农村的每个山川角落，它的演出内容与形式可根据农民的需要随时进行编排调整，村民们参与的积极性比较高。在一些自编自演的节目中有党的政策宣传、科技致富技术普及、公民道德教育、邻里家庭纠纷调解等内容，确实起到了凝聚人心的作用。

（4）在陶冶情操、愉悦身心的同时，还具有融洽关系、增进和谐的作用。农民文艺团队的演出现场，也是农民群众接受教育的大课堂。大多数农民文艺团队常年就是这样通过各种演出形式让农民朋友们忘却一天的疲劳，既得到了精神上的愉悦和陶冶，接受了教育，还有利于改善干群、邻里和民族、家族以及家庭成员之间的关系，使大家在欢快轻松的氛围中和睦相处，其乐融融，这对解决农村中的一些棘手问题和缓解矛盾、化解纠纷都会有明显的效果。同时也改变了他们枯燥无聊的业余生活方式，这必将对营造农村的社会稳定、人民安居乐业的良好局面与和谐社会的建设都起到不可低估的作用。

（5）农民文艺团队还是文艺创作的源泉和各类艺术人才的摇篮。常年活跃在农村前沿的农民文艺团队，他们最知道农民爱看什么、需要什么，他们的创作和演出都是和农民群众的需求紧紧连在一起的，因为他们本身就是农民。有了这个得天独厚的条件，多年来，他们中间产生了许多贴近生活、贴近群众、贴近实际的原创作品，在他们原创的基础上，再经过专业艺术家们的精心打磨，各门类都产生了许多脍炙人口的精品力作，有的在全国获奖，有的还上了央视春晚。同时农民文艺团队也是最能锻炼人并且出人才的地方，在全国的一些专业文艺团体和文化馆的业务人员中，都有从基层农民文艺团队中选拔上来的人员，他们中有的在全国、全省小有名气，有的在单位担任骨干。由此可见，农民文艺团队是文艺创作的源泉和文艺人才的摇篮已是多年来不争的事实。

4. 农民文艺团队建设的加强措施

（1）做好义务辅导与指导。农民文艺团队建设与发展的具体实施，应由各级群艺馆、文化馆、文化中心、文化站来义务承担。各省、市、县群艺馆、文化馆应把辅导农民文艺团队当作重要工作来抓，并应对所辖地区的农民文艺团队进行切合实际、卓有成效的辅导、培训。在理论上还应把农民文艺团队的建设与发展当作一个重要课题来研究。尤其是通过调查、走访、摸底，搞清各地的发展状况，了解他们都需要哪方面的支持，从而有针对性地、因地制宜地对农民文艺团队的建设与发展"对症下药"，只有这样，才能使这项工作大见成效。

（2）农民文艺团队是广大农民实现文化自觉、自尊、自信，享受文化权益的载体，是农村文化繁荣发展的具体体现，是一支不走的、长期扎根农村第一线的文化主力军，也是最受广大农民认可的活动团体。办好这支团队，是广大农民群众的迫切愿望，更是社会主义精神文明建设的需要。可以说，只有把农民文艺团队建设好、发展好、巩固好，扎实推进农村文化健康发展，才能为新农村建设提供强大的思想动力和智力支持，从而有力推动整个社会主义文化大发展大繁荣。

（3）文化馆、文化站、文化大院、农民文艺团队，都是公共文化服务体系的重要组成部分，尤其是在农村和社区，它们的性质、特征、功能、作用互相渗透、互为补充，加强其建设，对于构建公共文化服务体系，繁荣中国群众文化事业，促进精神文明建设，满足人民群众日益增长的精神文化需求具有十分重要的作用。

第三节 群众文化工作开展与活动策划管理

一、群众文化工作开展

(一) 群众文化工作的重要组成

"群众文化工作是社会主义现代社会文化工作的重要组成部分,对社会主义精神文明建设起着至关重要的作用。"[①] 群众文化工作是公共文化服务体系的重要组成部分。

1. 群众文化的领导部门

群众文化领导部门主要指承担群众文化行政管理职责的各级政府文化主管部门,也包括各级人民团体、相关系统的文化管理部门。政府文化主管部门包括国务院设立的中华人民共和国文化和旅游部,各省(自治区、直辖市)政府设立的文化厅(局),各地(市、州、盟)、各县(市、区、旗)政府设立的文化局、文化委员会或主管文化工作的职能部门,以及各乡(镇)政府、街道办事处等设置的主管文化工作的相关科室。各级人民团体、相关系统的文化管理部门包括各级工会、共青团、妇联以及教育、老干部、残联、部队及其他相关单位设立的主管群众文化事务的相关部门。

在公共文化服务体系建设的大背景下,保障公民的基本文化权益、满足公民的基本文化需求、发展公益性文化事业是政府的根本责任,为公众提供公共文化服务是政府文化领导部门的核心职能。群众文化领导部门所承担的群众文化工作主要是发展和推进公益性文化事业,为公众提供公益、普惠的公共文化产品和服务。群众文化领导部门所承担的群众文化工作的主要内容包括以下方面。

(1) 确定群众文化发展的战略和核心价值理念。作为公共文化服务体系的重要组成部分,群众文化工作必须坚持社会主义先进文化的前进方向,遵循国家文化发展的总体战略以及文化发展的总体要求。群众文化领导部门应当立足于公共文化服务体系建设的根本目标,根据国家文化发展的总体战略和要求,提出并确定本地区、本系统群众文化工作的战略目标和任务。包括:提出群众文化发展的总目标和阶段发展目标;明确群众文化发展的基本宗旨和原则;确定群众文化发展的基本思路和框架;提出群众文化发展的基本任务等。

---

①张致嘉:《群众文化工作的实践与思考》,《大舞台》2012 年第 3 期,第 267 页。

（2）制定群众文化政策、法规，搭建群众文化服务的制度平台。搭建政策平台和增强服务意识是群众文化领导部门完善群众文化管理、做好群众文化工作的重要环节。特别在构建公共文化服务体系，推动社会主义文化大发展、大繁荣的背景下，政策保障尤为重要。群众文化领导部门在制定群众文化事业发展规划的同时，还应制定和完善各项群众文化工作的相关政策和文化法规，搭建群众文化服务的制度平台，推动群众文化工作逐步向法治化、制度化、标准化、规范化的方向发展。群众文化政策法规建设的主要内容包括：群众文化保障人民群众的基本文化权益问题；发挥群众文化设施的功能作用问题；群众文化的功能定位和基本任务问题；群众文化人才队伍的培养建设问题；群众文化事业机构的改革问题等。

（3）制订群众文化事业的发展规划。群众文化事业的发展需要制订规划，制订规划的过程就是根据所确定的战略目标，去研究采取哪些措施和方法去实现这些目标。制定群众文化发展规划应注意目标明确、可操作性强、组织落实、留有余地。其规划框架应由基础条件与现状分析、指导思想与规划依据、主要目标与基本原则、计划任务与数据指标、责任落实与保障措施等要点构成。

（4）保障群众文化的设施建设和群众文化服务的经费投入，对社会性群众文化服务机构提供资助。群众文化作为一项公益性的文化事业，需要得到政府给予的财政支持。群众文化领导部门应当保障群众文化所需的基本设施和设备，保障群众文化服务所需的资金投入。同时，对承担公益性文化服务任务的社会性群众文化服务机构提供必要的财力支持，还可采取政府购买、项目补贴或者奖励等方式，鼓励和支持其他社会力量提供公共文化服务，推动经营性文化设施为群众提供低价或免费的公益性文化服务。群众文化的设施建设主要指群众文化服务机构开展群众文化活动所需的基本用房、基础设备以及一定的室外活动场地；群众文化服务的经费投入主要指开展群众文化活动和提供基本文化服务所需资金、群众文化从业人员的基本费用，以及群众文化设施设备运营和维护所需的费用。

（5）对群众文化服务机构进行指导、监督和绩效考评。对群众文化服务机构进行指导、监督和绩效考评，是群众文化领导部门的职责所在。这种指导、监督的职能是：保证群众文化服务机构严格执行国家的法律、法规；落实党和国家关于公共文化服务体系建设的方针政策；指导和推进群众文化服务机构的体制机制改革、公共文化服务、重大群众文化活动、基层文化建设、非物质文化遗产保护等各项工作。同时，应根据工作目标和绩效标准，对群众文化服务机构的任务完成情况、人员履职情况、资金使用情况、人才培养情况等进行绩效考评。

（6）维护群众文化的安全。公共文化服务体系建设大背景下的群众文化更应注意安全问题。这种安全性主要体现在：①文化安全，换言之，营造良好的文化发展环境，弘扬中华民族的传统文化，维护文化的多样性，保障国家的文化主权；②活动安全，换言之，树立群众文化活动的安全意识，提高群众文化活动的安全管理水平和突发事件的应急处置能力；③设施安全，简言之，保障各类群众文化设施的完好和使用，加强监督检查，不断完善安全管理预警机制、应急管理机制和信息报告机制。

群众文化领导部门承担着公共文化服务体系下群众文化安全的保障责任，其主要职责是：把握群众文化的发展方向，坚持用社会主义先进文化和核心价值观去引领风尚、教育人民、服务社会、推动发展，保障群众文化内容和传播方式的健康与安全；检查和完善群众文化活动的安全预案和应急救援预案，明确和落实安全管理责任，保障大型群众文化活动的安全；定期组织群众文化安全管理的培训和考核，提高群众文化设施安全技术手段的等级和防控能力。

2. 群众文化服务机构工作

（1）群众文化服务机构的任务。群众文化服务机构的任务，是将群众文化产品和服务提供给大众，满足人民群众对文化的需求，是公共文化服务体系建设的重要环节。群众文化产品和服务分为两个部分，涵盖了以下内容。

第一，群众文化产品：产品生产、文艺创作、文艺节目打造、图书音像制品出版、文艺作品传播等。这些内容从生产到宣传都离不开群众的参与，群众是群众文化产品的核心，因此群众文化产品的提供，必须符合社会主义核心价值观，要有思想内核，同时兼具艺术和观赏性，满足群众对文化产品的需求，提供群众喜闻乐见的群众文化产品。

第二，群众文化服务：活动场所、文化设施、文艺团队建设、配套信息服务、保护文化传承、辅导群众学习文化、建立志愿者团队等。群众文化服务主要围绕两个方面展开：①实体的场馆、设施的提供；②资源和文化的辅助。实体的场馆和设施是群众文化活动开展过程中不可或缺的条件，群众能够获取免费且良好的设施环境，对群众文化发展具有极大的促进作用，尤其是要关注基层和乡村的文化活动场所；文化和信息资源对基层文艺团队建设和群众文化热情的传递有重要支持作用。因此，群众文化服务的内容提供必须落到实处，为民服务。

（2）群众文化服务机构的文娱项目。文化活动是群众广泛参与的文娱项目，形式多样、寓教于乐。因此组织群众文化活动是群众文化服务机构的一项核心任务。在文化活动的开展过程中，切忌形式大过内容，要以活动本身吸引群众，让群众有参与兴趣，采取自愿原则。群众文化工作要在安全健康的前提下进行，把目光放到农村，在基层和广大乡村开展多样化的小型文化活动。

群众文化活动的内容丰富多样：有以娱乐为主的音乐、舞蹈、戏曲展演；有以艺术交流为主的书法、摄影、美术展览；有以普及文化为主的讲座培训；有以传承为主题的非遗项目讲解宣传；也有以群众参与为主要活动内容的聚集性场地活动，这类活动主要在广场、公园等地举行。

（3）群众文化服务机构的文艺辅导。文化艺术不是凭空提高的，需要群众文化服务机构对群众进行辅导，从文化艺术资源和人才上投入，对基层群众就文化艺术知识、创作、欣赏及信息数字等新技术的应用方面进行全方位的辅导。群众文化服务机构要在文化艺术辅导上起到主导作用，将对文化艺术的学习扎根到群众中，提高群众对文化艺术学习的热情，进而提升全民文化素质。文化艺术的辅导工作要根据群众的具体情况，如对文化艺术的掌握程度、不同文化艺术方向的倾向性、自身的学习能力等进行恰当引领。

（4）群众文化服务机构的群众文化信息。科技的进步日新月异，信息技术飞速发展并渗透到各个领域中，因此在群众文化服务机构的工作中，信息化建设是很重要的一环，建立完善的信息化系统，能够快速收集和发布群众的文化信息，便于群众文化活动和服务的开展。

信息化在群众活动中可以发挥快速沟通、信息资源处理、活动数字化的作用。群众文化信息传输网络能够在群众间形成便捷的沟通渠道；群众文化可以通过搭建资源数据库的方式对信息资源进行收集和整理，提高检索效率，提升使用便捷度；有了信息化的服务系统，就能够将一些群众文化活动，如展览、讲座、授课等通过数字化形式进行，时时处处都能参与，并能够回放再次欣赏和学习。

（二）群众文化工作的任务

目前，群众文化工作已经成为公共文化服务体系的重要组成部分。在这一背景下，群众文化工作应当与公共文化服务体系建设的目标任务保持一致，为实现普遍均等的公共文化服务而努力。与其他公共文化服务方式不同，群众文化工作是以吸引群众参加文化艺术活动为组织方式，以群众自身为活动主体，以满足群众的基本文化需求为主要目标的公益性文化服务。按照当前公共文化服务体系建设的要求，群众文化工作的任务可以确定为以下方面。

1. 弘扬优秀传统文化

建设优秀传统文化的传承体系，弘扬中华优秀传统文化，本着对民族、对历史、对后人负责的态度，积极做好群众文化所承担的民族民间文化的保护工作，不断推动有特色的优秀群众文化精品走向世界。这是时代赋予群众文化工作的新任务。

弘扬优秀传统文化历来是群众文化工作的任务之一，随着非物质文化遗产保护工作的深入，许多原来由群众文化部门承担的非物质文化遗产保护工作，转由陆续建立的非物质文化遗产专门机构承担。但群众文化工作不能由此放弃历来承担的民族民间文化的挖掘整理工作，应在积极做好弘扬和传承传统文化艺术的同时，创造出具有优秀历史文化传统的民族民间文化艺术精品，并不断扩大与世界各国民间文化组织的交流与合作，逐步使具有中华民族优秀传统和多样性文化特征的群众文化产品走出国门，走向世界。

在公共文化服务体系建设的大背景下，群众文化工作的任务有了新的定位和扩充。较之以往，群众文化工作的意义更加重大，任务也更加繁重和艰巨。

2. 满足群众的文化需求

（1）开展公共文化鉴赏。人们进行公共文化鉴赏，反映了人民群众的基本文化需求，是人民群众参与文化活动的主要形式。参加公共文化鉴赏活动具有陶冶情操、愉悦身心、舒缓精神、培养情趣等多重功效，对提高整个中华民族的思想文化素质和精神文明水平具有重要作用。

开展以群众文化服务为内容的公共文化鉴赏活动可以采用多种形式。例如，利用群众文化设施开设用于群众读书、看报、上网、欣赏音像制品等的专门厅室；采用政府购买、政府补贴、市场参与等方式为群众提供免费欣赏戏剧、舞蹈、音乐等专业文化艺术的机会；组织专业和业余文化艺术团队开展送高雅艺术进社区、进乡村的活动；组织绘画、摄影、书法等各种艺术样式的展览（包括网上展览）等。

（2）组织群众参加文化活动。参加群众文化活动，体现了活动参与者在活动中自我表现的角色地位。参加群众文化活动更能激发人们的自娱热情，使人们不仅可以从中得到愉悦，展示自身的才华，也能满足自我表现的欲望。为群众文化服务，就是要更多地为群众创造和提供参加群众文化活动的机会和条件。例如，启发调动群众文艺积极分子的潜能，组织群众愿意参加的各类文艺团队；组织丰富多彩的公园、广场、节庆等群众文化活动，为群众的演出活动搭建平台；组织各类群众文艺比赛和会演，调动群众参加群众文艺表演的积极性等。

（3）提高全民文化艺术素质。提高全民的文化艺术素质，就是通过文化艺术宣传的形式，对群众进行爱国主义、集体主义、社会主义的教育，弘扬社会主义核心价值理念、中华民族的传统文化与民族精神，提高全民的审美能力、鉴赏能力、艺术修养、生活情趣等多方面的综合素养。群众文化工作应担当起提高全民文化艺术素质的任务，积极开展各类普及性的文化艺术培训、各类文化艺术交流活动等。

（4）参与群众文艺的创作。人民群众既是文化艺术的享受者，也是文化艺术的创造者。群众为了表达内心情感、表现自我的审美追求、表现对事物的认识，需要以文化艺术创作的形式来表达个人的思想、意志、观念和愿望。从根本上而言，参与群众文艺创作是人民群众应当享有的文化权利。应当鼓励和支持人们参与群众文艺创作，创造群众参与文艺创作的良好氛围。

3. 促进人的全面发展

通过各种群众文化活动，培育社会主义核心价值体系，建设和谐文明的社会风尚，激发全民族的文化创造活力，促进人的全面发展，并以此推动社会主义文化的大发展大繁荣。群众文化工作承担着传播先进文化、进行社会教育的重要职能。这种宣传教育应该是以群众喜闻乐见的形式和潜移默化的方式来实现的，也就是通过举办各种丰富多彩的群众文化活动，吸引群众积极参与。其需要实现的目标包括以下方面。

（1）培育社会主义核心价值体系。社会主义核心价值体系是社会主义先进文化的重要体现。群众文化工作承担着培育社会主义核心价值体系的任务，它以健康向上的群众文化产品、丰富多彩的群众文化活动，在潜移默化中培养对社会主义核心价值的共同认同。

（2）建设和谐文明的社会风尚。建设和谐文明的社会风尚是建设中国特色社会主义的重要内容，对于维护社会稳定、促进社会进步、增强人民团结具有重要作用。

群众文化工作者应把建设和谐文明的社会风尚作为自己的工作职责，通过搭建群众文化活动平台，开展丰富多彩的群众文化活动，编创弘扬正气的群众文艺作品，宣传社会主义精神文明，倡导爱祖国、爱人民、爱劳动、爱科学、爱社会主义的思想；宣传社会主义传统美德，倡导助人为乐、尊老爱幼、互助友爱、无私奉献的精神；宣传社会主义道德风尚，倡导文明礼貌、诚实守信、和谐友善、勤劳质朴的民风，以此促进和谐、文明的社会风尚形成。

（3）激发全民族的文化创造活力。激发全民族的文化创造活力是党对社会主义文化建设提出的要求。人民群众既是文化建设的创造主体，为文化发展创造物质基础，并直接参与文化创造工作，也是文化建设的利益主体，是文化产品的最终享有者和受益者。广泛开展群众文化活动，能够使群众在活动中唤起文化创造的热情和潜能，获得文化创造的灵感，不仅积极参加群众文化产品的创造，并且在创造中获得新鲜的文化享受。

4. 建设群众文化服务网络

（1）坚持群众文化服务网络建设的原则。具体体现为：

第一，建立党委领导、政府管理、群众文化事业单位依法运营的群众文化管理体制。

第二，建立以公益性基本文化服务为主，多方面、多层次、多样性文化服务为辅的群众文化提供机制。

第三，建立覆盖全面、责任分明的群众文化服务体系，逐步完善设施网络、组织体系、生产供给机制、资金人才技术保障机制、运行评估机制以及资源和服务成果共享机制等。

第四，建立免费开放群众文化设施、无偿提供群众文化服务的经费补偿机制，加大群众文化工作的投入力度，着力提高群众文化产品的供给能力。

第五，坚持城乡和区域群众文化服务协调发展，把群众文化服务的重心放在基层和农村，着力改善中西部地区群众文化服务的整体水平。

（2）遵循群众文化服务网络建设的格局。群众文化服务网络的建设应建立以政府为主导、以群众文化服务机构为骨干、以社会力量为补充的群众文化服务网络。各级政府侧重做好群众文化基础设施建设，保障群众文化服务经费投入，促进群众文化服务基本供给方面的工作。

公益性群众文化事业单位则应以群众文化设施场地和喜闻乐见的文化艺术形式，为群众提供健康向上的群众文化产品和无偿质优的群众文化服务。

鼓励全社会积极参与群众文化服务，积极支持群众文化服务机构以外的其他有关文化单位、社会教育机构等，组织开展公益性文化活动，并把通过国家购买或以政府资金资助方式获得的群众文化产品无偿用于群众文化服务。

（3）把握群众文化服务网络建设的框架。群众文化服务网络的基本框架是公共文化服务网络的主体支撑，应与公共文化服务网络的建设要求保持一致。其基本框架内容包括：

第一，建立覆盖城乡的群众文化设施网络，并使之符合布局合理、功能齐全、使用高效的要求。

第二，建立群众文化产品的生产与供给体系和群众文化产品需求的信息交流平台，进一步拓宽群众文化产品的来源渠道。

第三，建立群众文化资金、人才、技术的保障体系，逐步建立起群众文化经费保障的长效机制，建立群众文化专业人员资格标准、准入制度及聘用制度，配备较为完善的艺术服务设备，逐步完善群众文化服务的设备配置标准。

第四，建立分工明确的群众文化组织支撑体系，逐步形成政府文化部门承担宏观管理、群众文化服务机构承担服务供给、社会力量承担资源补充的群众文化运行机制。

第五，建立群众文化服务的运行评估体系，形成政府、社会、服务群体共同参与的监督管理体系。

第六，建立资源成果的共享机制，在运行机制、机构改革、制度创新、服务方式研究、文化资源整合等多方面进行有益的探索，建设覆盖全社会的文化资源成果共享平台。

（三）群众文化工作开展的原则与规律

1. 群众文化工作开展的原则

（1）以人为本原则。以人为本是群众文化工作的首要原则。坚持以人为本原则，就是要从保障人民群众基本文化权益的基点出发，把为人民群众服务放在群众文化工作的首位。以人为本原则要求群众文化工作必须准确地把握新的时代背景下人民群众对精神文化生活的新需求、新期待，切实维护公共文化生活的公平与正义，使文化发展的成果被全体人民共享，从而真正实现面向全体人民的公共文化服务。

在群众文化工作中坚持以人为本原则体现为：坚持群众文化活动业余自愿的原则，按照群众的意愿组织开展群众文化活动；以满足群众的文化需求为目标，不断提高群众文化产品和服务的供给能力和质量；坚持把群众的满意度作为评价群众文化工作的根本标准，不断提高群众文化工作的整体水平；发挥群众在群众文化活动中的积极性、主动性和创造性，创造群众参与群众文艺创作的良好环境；提供均等、便捷的群众文化服务，保障群众的合法权益。

（2）基本性原则。基本性原则强调群众文化提供的群众文化产品和服务应属于基本性的范围，满足的是群众一般性的文化需求。换言之，群众文化服务提供的不是群众精神文化生活需求的全部，其超出基本文化需求的部分，不属于无偿提供的范围。对于那些个性化、多元化的文化需求，需要通过市场购买的方式来实现。

在群众文化工作中坚持基本性原则体现为：以基本性的群众文化服务为出发点和主体目标，充分保障群众的基本文化权益；提高基本性群众文化服务的质量，保证群众文化服务的满意度；拓宽基本性群众文化服务的范围，坚持以免费的方式提供；部分满足非基本性、个性化的群众文化需求，探索合理、优惠的有偿服务方式。

（3）公益性原则。公益性是公共文化服务的本质属性，公民依法享有一定的文化权利，即在公共文化生活中享有公共文化产品和服务的权利。群众文化作为政府公共文化服务的主体内容之一，其所提供的群众文化服务必须是公益性的。从这一原则出发，要求政府主办的文化事业机构必须承担起为群众提供免费的或优惠的群众文化服务的职责。群众文化服务机构的基本特征在于：群众文化服务以追求社会效益为目标，而不以营利为目的；群众文化服务的经费从政府财政经费中列支。这与从事经营性文化服务的文化企业有着本质的不同。

在群众文化工作中坚持公益性原则体现为：免费开放群众文化设施，实现群众文化场所的"零门槛"进入；无偿提供群众文化活动的场地和设备，开设各类群众可以参与的免费活动项目；协助政府部门选购群众所需的文化产品，完成政府交办的各类文化艺术演出任务；组织免费的基础性文化艺术培训，辅导群众业余文化艺术团队和群众文艺骨干等。

（4）公平性原则。公平性（均等性）原则强调公民在获得群众文化资源、享受群众文化服务方面应享有的平等权利，包括获取机会、服务内容、服务质量以及服务过程的平等性。群众文化工作的公平性，简而言之，就是群众文化服务的均等性。群众文化服务必须惠及全民，地域、年龄、性别、贫富以及文化水平高低都不能成为群众均等地获取群众文化资源、享受群众文化服务的障碍。公平性原则要求群众文化工作必须满足不同地域、不同人群的文化需求，将服务面惠及全体人民，使人人都能获得机会均等、质量稳定、公正公平的文化服务。

在群众文化工作中坚持公平性原则体现为：树立"人人享有文化权利"的理念，提高对群众文化服务普惠性、均等性的认识；按照人民群众不同的文化需求，合理配置群众文化资源和群众文化服务；关注文化基础薄弱、文化资源匮乏的地域和人群，保障基层、农村和特殊人群的基本文化权益。

（5）便利性原则。便利性原则强调群众文化提供的服务应当是近距离的、经常性的和容易获取的。便利性的要求涉及以下方面：①要求群众文化设施布局合理，使群众能够就近前往，省时省路；②要求群众文化信息快捷畅通，使群众能够及时获取，便于查询；③要求群众文化活动安排得当，使群众能够随心所愿，经常参与；④要求群众文化服务程序简便，使群众能够顺利获取，任意选用。便利性原则是以人为本原则的具体体现，也是实现公益性原则、公平性原则的前提和条件。

在群众文化工作中坚持便利性原则体现为：

第一，新建群众文化设施应选在交通便利、人口集中的地域，便于群众聚集活动且易于疏散。

第二，建设以服务半径为标准的群众文化服务圈，合理延长群众文化设施的开放时间，确保群众文化服务的总量充足。

第三，开展送文化下农村、下社区、下基层服务，提供灵活多样、便捷到位的服务。

第四，充分利用现代化的信息技术手段，运用网络、影像、数字化技术为群众服务。

第五，加强群众文化资源的采集整理，提高远程供给能力和利用水平。

第六，关注特殊人群的群众文化服务，为残疾人和老幼群体设置便捷、无障碍的服务通道。

2. 群众文化工作开展的规律

（1）群众文化与客观环境相互制约规律。群众文化与其赖以生存的客观环境有着密切的联系，群众文化的客观环境包括自然环境、社会经济环境、文化环境、科学技术环境、政策环境、安全环境等多种因素，这些因素在很大程度上可以影响和制约群众文化的发展。下面围绕群众文化的自然环境、群众文化的文化环境、社会经济发展环境、群众文化的科学技术环境展开论述。

第一，群众文化的自然环境。自然环境是指人类赖以生活的地理和生物方面的周围境况，一般由天然地势、地貌、资源以及气候等因素组成。自然环境对群众文化的影响是间接地产生作用。这是由于地形、气候、植被导致自然环境因素决定着人们的生产、生活方式及生产的操作方式。

第二，群众文化的文化环境。群众文化的文化环境泛指影响和制约群众文化生成、发展的国内和国际的社会文化环境，包括历史文化传统、社会主流思想和道德观念、人们的文化素质、文化产业、外国文化的影响和国际文化交流、哲学等。文化环境的因素复杂多样，下面重点分析历史文化传统、人的素质、对外文化交流和文化产业对于群众文化的影响。

历史文化传统与群众文化。历史文化传统是一种集体潜意识，它支配着人们的思想和行为，影响着群众文化的生成和发展。历史文化传统对群众文化的影响表现在以下方面：①文化传统通过诸因素的作用，使群众文化有深厚的社会根基；②建设优秀传统文化传承体系。

人的素质与群众文化。群众文化与人的素质密切相关，人的素质是影响群众文化发展的动力因素。其中，起决定性影响作用的是人的文化素质和思想素质。人的文化素质指导着人们对群众文化形式和内容的现实性选择，人们对群众文化形式和内容的选择取决于人们的审美兴趣和审美心理，群众文化活动的参与需要一定的知识和艺术技能，而知识、审美、技能都取决于人的文化素质。

对外文化交流与群众文化。随着对外开放的不断深入，我国与各国的政治、经济、文化交流不断扩大，国际文化生态对民族文化的影响越来越明显。因此，保持群众文化与国际文化生态的平衡，推动中国群众文化走出去，就显得十分重要。拓展群众文化对外交流和传播渠道，充分利用各种资源，创新群众文化"走出去"的形式和手段，吸收借鉴世界各国优秀文化成果，提升我国群众文化的影响力和竞争力，积极推动中国群众文化面向世界、走向世界。

文化产业与群众文化。文化产业与群众文化互为环境，交互作用、循环互补，共同影响着人们的文化生活。文化产业的发展促进群众文化的繁荣。文化产业和文化市场的繁荣，满足了人民群众多样化、个性化的文化需求，使群众的审美鉴赏能力不断提高，刺激了文化需求的增长，推动了群众文化质和量的提高。文化产品的创新，特别是创意性文化产品的传播，刺激着群众文化新形式和新内容的生成。文化产业的注入，使得原有的群众文化变得丰富多彩。文化产业和专业文化工作者参与群众文化活动，发挥着指导、辅导与骨干作用。许多文化产业直接参与群众文化活动之中，在各地的品牌性文化艺术节上，都有文化产业或出资、或冠名支持，专业与业余文艺工作者同台演出，专业文艺院团送文化下乡、进基层、到工地，已经成为常态，文化产业和专业文化工作者参与群众文化活动，为群众文化带来了新的生机。

第三，群众文化的社会经济发展环境。社会经济发展环境主要包括社会经济形态、社会经济发展水平和社会经济发展模式。社会经济发展为群众文化提供了人民群众的需求动力和物质条件，决定着群众文化的发展水平、运行模式和社会地位。群众文化的发展又成为经济发展和社会进步的重要因素。

第四，群众文化的科学技术环境。科学技术的发展为群众文化开拓新领域，任何形式和内容的群众文化，都是人们在不同阶段认识世界和改造世界的实践中产生的，并以一定的物质形式为存在条件的。

科学技术的发展使群众文化的影响范围扩大了；科学技术的发展使群众文化及其活动的类型增加了；科学技术的发展使群众文化活动的方式变化了。现代科学技术的新成果和群众文化活动的密切结合，新的群众文化载体和群众文化活动方式不断出现，文化设施不断更新，从而也使群众文化保持了新鲜活力。科学技术的发展影响群众文化观念的更新，具体表现包括：科学观念的更新、求智观念的更新、审美观念的更新、时代观念的更新。

（2）群众文化活动的规律。在群众文化体系中，群众文化活动始终居于核心地位，群众文化活动的存在和发展决定着其他群众文化要素的存在和发展。以群众文化活动为重点是群众文化的客观反映，应围绕组织群众文化活动来开展群众文化工作，并以此服务和促进人民群众文化生活的繁荣。

（3）群众文化"寓教于乐"的规律。"寓教于乐"反映了文化艺术的本质特征，"教"是目的，"乐"是手段，"教"是通过"乐"的方式来实现的。"寓教于乐"不仅显示了文化艺术自身所具有的特殊影响力，还显示了文化艺术的独特魅力。从群众文化的角度讲，娱乐是群众参与群众文化活动最直接的目的，是群众以参加各种文化活动的方式来获得身心的愉悦和满足。组织开展健康向上的群众文化活动能够给人以积极的影响，展示群众文化的教化功能，使人在群众文化活动中受到教育和启迪。群众文化承担着传播社会主义精神文明、弘扬社会主义先进文化的任务，群众文化应当充分利用文化娱乐的特有方式实现宣传教育群众的目的。在公共文化服务体系建设的背景下，群众文化工作要把社会主义核心价值体系的教育寓于群众文化活动之中，发挥其引领社会思潮、建设和谐文明风尚的作用。

（四）群众文化工作开展的要求

1. 重视群众文化的需求

（1）完善群众文化需求的层次。群众文化需求是群众文化本源的集中表现，是社会实践主体在自我完善过程中与以文艺娱乐为主要内容的活动之间建立的依赖、适应关系。群众文化需求是社会实践主体生命过程的固有属性，是客观必然的社会存在。

在现实社会中，群众的文化需求是多方面的，包括读书、看报、上网、娱乐、参观、旅游、看电影、看演出、看电视、参加群众文化活动和体育活动等。在多数情况下，群众是作为受体来实现自身需求的。群众作为主体，为满足自身文化生活需要而开展的自我参与、自我娱乐、自我完善方面的社会性文化活动，则表现了人民群众对于"群众文化"的需求。人民群众需要群众文化，群众文化的群众性、自娱性、传承性特点也最符合群众自我参与、自我娱乐、自我完善的要求，群众在其中也在继承和创造着文化。

群众的文化需求体现了以自我为主体，并与一定的文化群体发生关系。人是一切社会关系的总和，没有个体自我参与基础上的集合，没有与他人的互动，就不可能发生群众文化这一社会历史现象。因此，虽然"群众文化需求"存在于个体之中，而它的实现只能是社会化实现，表现为"社会需求"。

群众文化需求的层次包括：娱乐休息的生存需求、审美愉悦的享受需求、表现创造力的发展需求。以上这三个层次的文化需求，既单独成立，又相互渗透、相互牵连、相互作用；这三个层次，既可以是一个人、一个团队发展的三个阶段，又可以同时在一个人身上或一个团队中发生。

（2）完善群众文化需求实现的渠道。群众文化需求是多方面的、多层次的，群众文化需求的实现也是多方面的、多层次的。

第一，自发的群众文化活动。自发的群众文化活动是群众自发开展、自然形成的。一般以群体为组织形式，以单一性的文化娱乐活动为内容，组织者为有一定号召力并热爱群众文化活动的文艺骨干；活动的组织者、活动骨干、地点、时间相对固定，活动规律呈日常化；自我组织、自我管理，但没有明确的组织章程和组织形式；自然有序，受众面广，是广场（公园）最普遍、最活跃的活动，也是群众满足自身文化需求的一种重要的形式。

第二，公共文化服务（群众文化服务）。公共文化服务是政府的职能。政府主要是通过文化馆（站）等群众文化事业机构来为人民群众提供群众文化服务，满足群众的文化需求。公共文化服务属于普惠性的、均等化的、有限定的、应由政府予以保障的文化服务，不可能满足群众所有的文化需求。

第三，文化市场服务。对于群众不属于公共文化服务范围的文化需求，即个性化、对象化、深度增值性的文化需求，是通过文化市场来满足的。例如，一个喜爱唱歌的人，他可以每天早晨到公园参加群众自发的歌咏活动；也可以参加文化馆的业余合唱团队，到文化馆活动，接受文化馆教师的免费辅导培训；也可以与亲朋好友到歌厅放声歌唱，参加社会的音乐培训，或聘请家教。从群众自娱自乐到有人自发组织，从政府提供的群众文化服务到各种文化市场的服务，有着不同文化需求的群众都能在当今时代里得到满足。

2. 发挥群众文化需求的作用

（1）发挥群众文化需求的基础作用。群众文化需求是群众文化的第一要素，是群众文化的动力与前提。群众文化的一切生成物，都仅仅是为了满足这一客观需要而产生、发展的。

群众文化的客观需求是广泛的、多样的、不断发展的，而实现群众文化需求则是具体的，受一定条件限制的，群众文化需求与实现需求的矛盾构成了群众文化的基本矛盾。这是群众文化要素间的本质联系和发展的内在原因。群众文化工作必须以满足群众文化需求为出发点和归宿。

现阶段，我国广大人民群众的文化需求空前提高，其需求面之广、量之大、质之高也是前所未有的。群众的文化需求成为当前群众文化勃兴最重要的内驱力，成为群众文化建设的第一推动力。

（2）发挥群众文化需求的积极作用。群众文化需求有一种十分重要的特征，就其自身而言，叫作群众文化需求的"盲目性"；就其矛盾对立方而言，称作群众文化需求的"可诱导性"。当群众文化需求处于自在状态时，会产生盲目性和从众性。中国几千年的封建社会遗留至今的传统文化，其内容既有反映惩恶扬善、追求幸福的美好愿望，又具有强烈的人民性。群众文化需求是可以诱导的。文化环境有很强的吸引力，能够改变群众文化的性质和指向。群众文化以满足群众文化需求为出发点和归宿，但是，群众文化不能"迎合"群众文化需求，特别是不能"迎合"群众文化需求的盲目性。群众文化应当创造一个良好的文化环境，引导群众文化需求，引导群众建立科学、健康、文明的文化生活方式。

3. 科学技术的应用对群众文化工作开展的新要求

在互联网时代，一切工作与生活都发生了较大的变化，群众文化领域也悄然发生着改变。如何借助互联网的发展创新群众文化工作，成为每一个群众文化工作者需要不断探索的问题。

（1）提高数字群众文化惠民服务的能力。以现代信息技术为支撑，以群众文化资源建设为重点，实施"公共电子阅览室建设计划"，加强数字群众文化的惠民服务，提高群众文化事业机构的服务能力。现代信息技术是一个内容十分广泛的技术群，并已经广泛地渗透人们的生活、学习和工作之中。利用现代信息技术，对于改进群众文化工作方式、提高群众文化服务能力可发挥重要作用。专门从事群众文化服务的事业机构，充分利用所拥有的群众文化艺术资源，将其制成数字化的图像、文字、影像、声音等各类群众文化产品，既可扩充"公共电子阅览室"的阅读范围，满足群众查询、鉴赏、应用的需求，也有助于提高艺术档案的建设水平。

（2）构建数字群众文化的服务网络。以文化共享工程的服务网络为基础，构建一个内容丰富、技术先进、覆盖面广、传播快捷的数字群众文化服务网，实现双向互动。以文化共享工程为基础构建数字群众文化服务网络，既有现实基础，又具发展前景，有助于群众文化服务手段的升级和群众文化服务设备的改善，也有助于丰富基层群众的文化娱乐生活、传播优秀文化艺术作品。在数字网络技术不断进步的背景下，应注意发展和传播健康向上的网络群众文化，使之成为传播社会主义先进文化的新途径、群众文化服务的新平台、精神文化生活的新空间。

（3）促进数字和网络技术在群众文化服务领域的应用。促进数字和网络技术在群众文化服务领域的应用，是当前群众文化工作的一项重要任务。

现在人类社会是一个数字化、网络化的社会，数字网络技术的发展不仅改变了人们的生活方式，也促进了服务方式的转变和更新。将数字和网络技术应用于群众文化的实际工作中，对更新群众文化服务方式，提高群众文化服务能力具有重要的意义。在很大程度上，加快数字和网络技术在群众文化服务领域的应用，已经成为公共文化服务体系建设背景下群众文化工作亟待完成的任务。

处于信息时代的社会公众，其生活方式已经在各类现代信息技术的影响与冲击之下发生了同以往截然不同的变化，传统线下交流的方式被"线上交流与线下交际"的全新社交模式替代。人们可以用微信建立属于自己的群进行在线互动，每个人生活的圈子或群既独立又交叉。这种"群模式"大大加快了信息传播的速度，打破了人们先前封闭式的生活空间，促进了人与人之间的沟通和互动。

作为新媒体技术而言，其具备了传统媒体所不具备的便利性。有鉴于此，广大群众文化工作者要善于依托新媒体技术这一特质，将之应用于日常群众文化工作之中，以此提升群众文化工作的效度与效率。

二、群众文化活动策划

（一）群众文化活动策划的关键

第一，点子。点子是经过思维产生解决问题的主意，是对活动中某一具体问题的解决办法。

第二，创意。创意是指具有创造性、开拓性的思维和构思，在策划过程中的核心与支柱。

第三，策划。策划是策划人员根据组织目的要求、调配现状，分析现有条件，设计切实可行的行动方案的过程。这是一个很严谨的概念，包含几个重要的特点：①策划具有一定的目的性，而且是组织的目的性；②策划必须基于对现实的了解；③策划有一个研究、分析的过程；④策划是一个制订行动方案的过程。只有具备了上述四个条件，我们才能称之为策划。

点子、创意、策划是群众文化活动设计过程中不可分离的三个重要环节。点子是创意的基础，是创意的原始形态，任何创意的起点都来源于点子；创意是活动策划的重要环节，没有创意就没有策划；策划是活动设计的全部过程，最终以策划方案的形式出现。

（二）群众文化活动策划的原则

策划是一项复杂的综合性劳动，是一项重大活动的决策性工作，同时又是一项重大活动的基础工作。因此，它是一项原则性很强的工作。策划原则是策划人员在策划过程中用于观察问题、分析问题、解决问题的准则。可以说，它是策划的价值观念。一般说来，一个成功个案的策划，要遵循的原则是很多的，不同的个案也有不同的可遵循的原则，但策划的基本原则是共通的。

1. 社会性原则

任何公众活动都是存在于社会、受社会因素制约，又反过来影响社会的。作为策划公众活动的组织，无一不受到社会环境的制约。所以，策划首先应遵循的原则就是社会性原则。

社会性原则，即公众活动要符合社会综合因素各项的基本要求，包括：①政策性的要求；②社会热点要求，这个时候社会的热点话题是讲环保，如果依势造势，顺位潮流，再创环保活动新方式，光是策划的起点就成功了一半；③传统习惯的要求，策划要顺应历史、地域、民族的风俗；④伦理道德的要求，策划的活动，与社会公共伦理道德标准大相径庭，很难有成功可言。

2. 科学性原则

群众文化活动策划的科学性原则，包含两重意义：一是策划要符合科学的原则；二是策划时要充分应用现代科学技术的成就。

现代策划被视为一项知识密集、技术密集、人才密集的高新技术产业。现代策划正是运用多学科的专业知识，去观察社会、研究社会，从而策划出适应社会发展潮流的多种多样、多姿多彩的社会活动。

3. 实效性原则

随着社会日益商品化的发展，讲求实效是在人们头脑中已逐步形成的一种新观念。对于公众活动而言，讲求实效具有更重要的意义。我们已经注意到投资是公众活动的特点之一，那么投入了当然希望产出，这是所有活动决策者都必然关注的问题，无论是社会效益还是经济效益。

在策划过程中，策划者往往着意追求形式和创新性，而容易忽略实效性。这不奇怪，其实它们本来就是一组矛盾，当这一组矛盾解决之时就是策划成功之时。在策划过程中，不同的时期可以有不

4. 创新性与可操作性相结合的原则

只有具备创新性才能使活动策划具有生命力。创新性就是提出创造性的主意，就是说每次策划，必须是一次创造性的劳动，其结果应该是产生与众不同的有特色的主意。

创新性固然重要，但是一个有新意的策划方案，可能会受到诸多因素的制约而难以实施，所以策划必须既要有创新性，又要有可操作性，这样才能便于实施。

（三）群众文化活动策划的技巧

策划的技巧很多，主要有以下两种。

第一，创造活动的亮点。亮点是从文章的文眼、歌曲的歌眼中引申出来的。活动策划需要创造一个非常精彩的亮点或高潮，要把这个环节设计得更有传播性，这是活动创意的核心和关键。

第二，应该有一个比较能够表达主题的氛围设计，应该重视通过场地的设计、气氛的设计，把活动的主题氛围带出来。

（四）群众文化活动策划的方案设计

1. 群众文化活动策划的方案撰写

活动从策划到组织实施需要两种不同功用的方案形式：一种是策划方案；另一种是实施方案。

（1）策划方案。策划方案是策划第一阶段的目标与成果，它是策划成果的具体表现形式，是活动策划决策的信息传播的载体，是公众活动管理操作的依据。管理者根据策划方案传达的信息进行协调与控制。这一阶段着重研究的是策划目标、主要内容、总体预算以及效益预测。这时的方案主要是用于谋划、论证及审批。所以原则方案侧重于概念性的意见，对活动的目标、公众、时间、地点、主要内容、主要工作、大概工作步骤、总体费用、总体效果预测等要素予以原则性的规范。

策划方案有如此重要的作用，那么对策划方案的撰写要求规范的意义就不言而喻了。虽然策划方案可以因为不同策划者的习惯有不同的撰写方式，但策划方案的基本要素是必

须具备的，即何人、何事、何物、何时、何地、怎么做，而在具体的撰写中可以表达为如下的几条基本的提纲：①绪言-问题的来由；②策划背景资料及分析；③策划目标或目的意义；④时间；⑤地点；⑥参加人；⑦围绕目标的主要活动项目和呈现形式内容；⑧实施的方式方法；⑨传播计划及方式；⑩活动的组织工作机构；⑪经费预算及来源；⑫有关资料或相关的工作提示。

（2）实施方案。实施方案是实施工作的指导性文件，是活动的分镜头剧本，其突出的特点是操作性。活动的实施工作人员完全是依据实施方案进行具体的工作计划和操作的。

编写实施方案，实际上策划方案的实施，是可操作性设计。因此，方案的撰写手法应该是直陈其词，不加雕琢。对工作方法、工作要求更要详尽具体，操作性强。实施方案一般都包含以下主要内容：①活动的基本要素（如目的、内容、时间、地点、人数等）；②活动的具体形式及与之协调的工作；③组织工作的步骤及进度；④实施工作的方式、方法；⑤各项目协调形式；⑥工作的逻辑划分及组织工作职能机构的设置；⑦专项工作的计划。

往往活动筹备工作事务繁多，协调事项多，所以要善于设计、使用各种表格，对于提高策划水平和工作效率意义重大。因此，一般都要求实施方案尽可能表格化，清晰地表现工作计划。

2. 群众文化活动策划的方案选择

面对多个策划方案，应当以科学、审慎的态度决策。通常的选择方法有以下三种。

（1）理想方案选择法。对于每个完整的方案，如果用一定的逻辑标准衡量，可以划分为最佳方案、理想方案、合理方案和不理想方案。综观许多决策的过程，就会发现在入选的方案中，通常不是选择最佳方案，而是选择一个理想方案。最佳方案固然是好，但活动的广泛社会性的特点告诉人们，公众活动会受诸多因素制约。因此，其综合指标是很难达到最佳状态的，在一般情况下，对方案的选择当然是希望方案的质量高一点，一般不会选择合理的方案，更不会选择不理想的方案，所以做计划的时候，就应留有充分的余地，以选择理想方案为好。理想方案只是一个抽象的概念，还需要以科学的方法予以论证。

（2）多方案选择法。多方案选择法首先要求策划人员从多个角度策划出不同的备选方案，供决策时选择使用。备择方案可以是两个以上不同的完整独立的方案，也可以是一个方案里，在关键的项目上，列出不同的策划构思，供决策时选择。

（3）方案的论证与优化方法。经过上述两种方法筛选出来的方案，还不能马上决策，还要进一步锤炼。锤炼就是对方案进行论证和优化。论证可以从下述三个角度入手。

第一，检验目的的明确性，方案的可实现程度。

第二，方案在实施过程中可能受社会限制性因素影响的程度，比如资金、时间、人力、传播渠道等因素能否适应方案的要求。假如有可能解除这些限制因素，那么解除限制因素的方法。

第三，实施过程中可能发生的问题和障碍，以及对这些问题和障碍的预防或解决的措施又是什么？

论证应该以一个工作小组形式进行。理想的论证组织是由决策者、专家、策划人员组成，并聘请专业顾问参与。论证一般可以采用先由策划人员介绍策划构思和策划构思的依据，然后由决策人、专家顾问提出质询，由策划人员答辩的方式进行。

实现方案的优化，可以有几种不同的优化方法，主要有定位式优选法和优点移植法。

通常，一个策划方案经过上述几轮的论证、优化、筛选，再加上决策者的实施决心，这时方案就可以决策了。

三、群众文化活动的分类管理

（一）群众文艺演出活动的管理

1. 群众文艺演出活动内容的管理

群众文艺演出活动内容的管理，即保证群众文艺演出活动的内容能够做到思想性、艺术性、观赏性的有机统一。在演出活动内容的管理上，需要通过"四个坚持"，不断提升群众文艺演出内容的政治质量、精神质量和艺术质量。

（1）坚持正确的宣传导向，将群众演出活动作为坚持先进文化的前进方向、贯彻科学发展观、推进社会主义核心价值体系、宣传党和国家路线方针政策的重要文艺载体。

（2）坚持正确的文化立场，弘扬真善美，贬斥假丑恶，发挥文化引领风尚、教育人民、服务社会、推动发展的作用。

（3）坚持寓教于乐的演出艺术表现手段，弘扬主旋律，传承优秀民族民间文化，根据每个地区群众不同的文化需求和地方文化风俗，把群众喜爱的演出艺术活动送到基层，创作出高水平的群众文艺作品，在广大群众中引起反响、形成互动，让群众在陶冶情操、愉悦身心的同时能受到教育。

（4）坚持与群众的生产、生活实际相联系，群众文艺演出活动的内容要贴近实际、贴近生活、贴近群众，把握群众的文化脉搏，了解群众的活动期望，以多元化的文艺手段展示植根于基层、普通群众身边的好人好事，演群众想看的戏、讲群众想听的故事、跳群众喜爱的舞蹈，以"群众演群众""群众看群众"的专有演出活动的方式丰富演出活动的内容，使活动可亲可信、深入人心。

2. 群众文艺演出活动人员的管理

人员管理即通过培训、辅导、排练、表演的过程，实现发现人才、培养人才、用好人才的目标，调动人力资源完成演出的组织、筹备和演出现场的舞台表演及服务工作。只有打造一支精悍的文化队伍，才能为开展群众文化活动提供智力支持和人才支撑。

群众文艺演出活动内容丰富、互动性强，参与演出活动组织、服务的人员业务种类较多，大体可包括：演出活动的策划人员和决策人员、文案人员，文艺节目创编和辅导人员，导演（总导演）、演员、演出统筹人员，舞台美术（包括布景、灯光、化妆、服装、效果、道具、音乐等）工作人员、摄像（照相）人员，后勤保障人员和安保人员等。各个岗位的工作人员应在决策人员和总导演的指挥下，分工合作、密切联系，形成一个完整的演出活动现场工作管理组织，共同完成制定演出活动方案和流程，编排文艺作品，辅导组织演员，舞美设计布置，演出协调，领导、嘉宾、评委等的邀请接待，观众组织，后勤服务及撤场，安保巡视等工作。因此，做好演出人员管理工作的重点是科学领导、智慧决策，分工明确、责任落实，密切配合、协同作战。

3. 群众文艺演出活动质量的管理

群众文艺演出活动质量的管理，即通过比赛、观摩、交流、评比等手段，不断提高演出活动的策划组织水平、艺术表演质量。无论是通过竞争的方式还是通过学习的方式，群众对演出活动的要求通常受到活动时间、活动地点、参与活动对象、社会环境和活动竞争等因素的影响。这些因素变化，会使群众提出许多不同的新的活动要求。活动的策划组织水平和质量不仅体现在活动的内容和形式上，而且也体现在活动的服务管理环节中，并随着社会的发展、技术的进步而不断更新和丰富。加强对群众文艺演出活动的创新，不断挖掘活动的文化特色，努力满足群众对演出活动不断提高的适用性文化需求，是提高演出活动水平和质量的关键。

提高活动的策划组织水平要注重提高获取和科学处理各方面相关信息的能力，提高对群众文化发展变化的预见能力及根据文化资源发挥创造性思维的能力，提高在活动组织实施过程中科学决策、统筹协调、调整反馈的能力。提高演出活动的质量则要注意树立以群众的文化需求为中心和打造群众文化活动品牌的观念，加强对活动组织者履行标准化服务流程、开展个性化服务的教育与培训，完善活动的监督执行和整改评估机制。

（二）群众文化展览展示类活动的管理

1. 展览展示活动内容的管理

群众文化展览展示活动内容的管理主要包括：设计方案的制订、展出内容的把握、展品展台的选择、布展设台的合理、现场观众的组织、场地安全的布控、展后工作的处理等。

群众文化展览展示内容管理要重点把握：①主题性，即弘扬主旋律、倡导积极健康的文化理念，切合展览的文化主题；②代表性，即能代表一个地区或一个领域内的群众文化艺术水准；③独特性，即能展示独特的文化魅力。布展的重点是以展品为中心，以展台、展架和辅助性器材为依托构建完整的展览展示系统。展品可以是实物、模型、图表、资料、照片、道具等，借助视频、音响、灯光、讲解人员等增加视觉冲击力和渲染力。要采取多种安全措施保护好现场有较高价值的珍贵群众文化展品，提前准备好解说词，对参观的群众要进行通俗易懂的讲解，对前来学习交流的群众文化同行要给予深入、详细的专业讲解。

2. 展览展示活动形式的管理

展览展示活动形式的管理包括：布展场地的确定、展览规模的控制、展线长度的设定、科技手段的运用、辅助设备的准备、参展资料的编发等。

群众文化展览展示活动具有较强的灵活性，展出场地根据活动的需要，既可以在室内或室外举办，也可以在专业展览馆或文化站（室）、社区（村）举办。展览的规模、展线的长度取决于展品的数量和内容，并与展览展示的设计思路、管理方式、经费预算有关。对展出规模和展线的控制要适量、适度，要以能够传递给观众清晰、准确、整洁的展览展示信息为主要依据。办展览时运用科技手段、使用辅助设备、发放参展资料，能起到事半功倍的宣传效果。例如，在互联网上举办展览被称为"永不落幕"的展览会，不仅能够补充实物展览的不足，而且成本低、影响广泛；灯光、音响、视频、广告板等辅助设备能够为展品制造出高雅、厚重、时尚等不同格调的文化氛围，是对展品的生动解读；参展资料可以图文并茂、声像并茂，便于参观群众随身携带、随时阅读。另外，还要注意参展项目现场表演人员与观众的互动交流，选择合适的展位和空间，便于人流的活动，准备必要的交流材料，以增强互动交流的效果。

3. 展览展示活动质量的管理

展览展示活动质量的管理包括：受众人群的统计、观众舆论的收集、展出水准的评估、效益效果的评价等。

群众文化展览展示活动是群众展示文化艺术才能、交流文化艺术体验、继承文化艺术传统、传播先进文化理念的群众性宣传教育活动。展出活动应以群众创作的艺术作品为主要媒介，营造人与人进行文化情感沟通的特定文化氛围。参与展览展示活动的群众不仅包括展品的作者、展览的组织单位和支持单位的人员，以及观赏展品的普通群众和各级领导，而且还包括参与交流学习的群文工作者和具有一定技艺水平的文艺爱好者、媒体记者等。

对以上受众人群参展后感受的收集整理，要作为展览展示活动质量管理的重点，纳入展出水准的评估、效益效果的评价之中。评估、评价工作包括对展出成本效益的评估、宣传质量效果的评估、预期目标完成情况的评估、参展人员数量和构成、参观平均时间的统计、相关社会意见建议的反馈分析、展位展线艺术表现效果的满意率等。评估、评价工作的意义和作用在于对展出活动的全面总结和科学分析，对展览的实际效果提供客观的结论，为今后办好相关展览提供依据和经验。

（三）群众文艺创作活动的管理

1. 群众文艺创作内容的管理方法

对创作内容进行管理的重点是：坚持社会主义先进文化的前进方向，践行社会主义核心价值观，内容要体现中国特色社会主义的共同理想；体现以爱国主义为核心的民族精神和以改革创新为核心的时代精神；体现社会主义核心价值观。要遵循以人民为中心的创作导向，坚持正确的文化立场，弘扬真善美，贬斥假恶丑，力求创作出思想性、艺术性、观赏性相统一、群众喜闻乐见的优秀群众文艺作品。

群众文艺创作的内容要从实际出发、从文艺创作规律出发，树立群众文化精品意识，坚持遵循"小题材、小投入、小制作、大效益"的创作方针。坚持"四个结合"：即坚持弘扬主旋律与提倡多样化的结合；坚持民族文化传统和发掘时代创新精神的结合；坚持群众文艺创作新品与精品的结合；坚持舞台艺术与非舞台艺术的结合。处理好主旋律与多样化的关系、地域性题材与多样性题材的关系，在热情歌颂中华民族的文化传统和精神风貌，热情歌颂新时代的辉煌成就和模范人物的前提下，创作出群众喜闻乐见、生动活泼、风格迥异的各类群众文艺作品。

2. 群众文艺创作队伍建设的方法

对群众文艺创作队伍的建设，主要应从四个方面着手。

（1）坚持业余创作队伍与专业创作队伍的结合，不断扩大和壮大群众文艺创作队伍。业余文艺创作者来自社会各行各业，其优势是能够广泛收集生产、生活各领域中极其丰富的文艺创作素材，同时对文艺创作充满热情，能够自觉、主动地参与文艺创作；专业文艺创作者具有接受过某个艺术门类的专业训练、有敏锐的创作捕捉能力和创作研究能力的优势。在文艺创作中，将两者的优势相结合，通过各类活动搭建彼此学习、交流的平台，有利于提高群众文艺创作队伍的整体水平。

（2）通过活动发现和培养创作人才，组建文化艺术团队、协会等团体。举办各类群众文艺创作比赛、交流、展览等活动，能够为广大文艺创作爱好者提供展示、交流的平台，能够为文艺创作活动管理者提供发现和培养有潜力的文艺创作人才的机会。在举办文化活动以外，日常培养创作人才的有效手段是组建专门的业余文艺创作组织，并能够让群众文艺创作者有机会接受专业的、长期的、系统性的训练，不断培养他们的创作个性和创作风格；同时，有利于培育和形成以群众文艺创作团队、协会等为主体的地区群众文艺创作骨干力量。

（3）通过举办高水平的群众文艺创作活动，呈现"出作品、出人才"的群众文艺创作格局。举办高水平的文艺创作活动，可以对群众文艺创作起到积极的引领和导向的作用。通过对参加活动人员的范围、结构等提出要求，对创作作品的主题、内容、形式、艺术技法等提出要求等，有利于促进群众文艺创作人才和作品的目标化、精细化培养。在群众文艺创作活动举办过程中，群众文艺创作人才、作品之间的同台竞技与展示，可进一步加强彼此间的学习与借鉴，并通过多项优秀的文艺创作作品借助活动集中涌现，表现出群众文艺创作活动发展、繁荣的景象。

（4）运用评比、奖励等各种方式鼓励业余作者进行文艺创作，推动群众文艺创作水平的提高。评比、奖励等手段为群众文艺创作者切实提供了开展业余文艺创作的精神动力和物质动力。参与群众文艺创作活动的优胜者、获奖者不仅能够获得标志一定艺术水准的荣誉奖项、出版相关的作品集、获得宣传报道、职称评审破格等机会，并进一步增强创作的自信心；而且有机会获得奖励经费、创作设备、辅导培训、社会赞助等方面的物质奖励，为今后开展文艺创作活动积累必要的物质保障。

3. 群众文艺创作成果的展示方法

充分发挥群众文艺创作成果的社会效益，采用各种手段进行宣传和传播。

（1）群众文艺创作成果按艺术形式展示。群众文艺创作成果按艺术形式展示包括：动态艺术形式的展示、静态艺术形式的展示、动态与静态艺术形式共同展示。动态艺术形式的展示主要集中在对音乐、舞蹈、戏剧和曲艺等艺术门类的群众文艺创作作品进行演出展示；静态艺术形式的展示主要集中在对美术、书法、摄影类的群众文艺创作作品进行展览、出版图书、登载报刊等方面的展示；动态与静态艺术形式共同展示，则是对不同艺术门类的群众文艺创作作品进行动静相间的综合性文化展示。通过舞台表演、群众互动文化活动、文艺作品展览、创作实物展示、文艺创作图文资料发放及售卖等文艺展示方式，集中向社会进行宣传和传播。

（2）群众文艺创作成果按传播方式展示。群众文艺创作成果按传播方式展示包括：以报刊、图书等平面媒体及广播、电视、网络等电化传媒的方式进行成果展示；以演出、展览、现场演示等形式进行成果展示。平面媒体和电化传媒是群众文艺创作成果面向社会开展普及性宣传的有效方式，具有传播范围广、速度快、受众群体分散的优点，特别是网络媒体突破了传统媒体传播的时空局限性限制，实现了全天候、广覆盖、能互动的媒介传播方式。群众文艺创作成果以演出、展览等形式进行的现场展示方式是面向特定群体开展有针对性或提高性的群众文艺创作宣传的有效方式，具有欣赏效果真实、互动性与时效性强、受众群体集中、传播效果显著等特点。在实际活动中，管理者应根据群众文艺创作成果的艺术规律将媒介成果展示法与现场成果展示法结合使用，在传播推广中妥善处理好群众文艺创作成果普及与提高、一般与重点的关系。

（四）基层群众文化活动的管理

1. 家庭群众文化活动的管理

家庭群众文化活动的管理一般应遵循的原则和办法有以下五点。

（1）家庭群众文化融入区域文化建设的整体规划。家庭群众文化活动是群众文化活动的有机组成。家庭群众文化活动应当纳入地域文化建设的整体规划，并应与社区（村）群众文化活动共同规划，形成互动和互补。

家庭群众文化活动既有其独特的文化魅力，也是构成各类群众文化活动的基本组成要素。几乎每个群众文化活动参与者的背后都有来自家庭的支持和鼓励，大部分文艺骨干在成长中都得到过家庭的艺术引导或熏陶，家庭文化活动作为社区（村）文化的细胞，在细微处体现和展示着不同地域的文化内涵。

在地区文化建设规划中，不仅要对开展标志性、主题性的群众文化活动提出发展思路，而且要把家庭文化活动当作保证各项优秀基层文化活动可持续开展的基石，对其进行认真的研究和规划。做好家庭文化活动规划，要从地区文化建设的总体目标着手，结合不同家庭文化活动开展的实际情况从活动特点、参与活动的成员、家庭文化氛围的营造、政府拟定的扶持措施等方面综合考虑，统筹做好相关规划的酝酿、制订工作。

（2）根据需求提供辅导、指导等各类服务。抓好家庭群众文化活动的管理，还应组织群众文化优势资源，根据需求为家庭群众文化活动提供辅导、指导以及必要的服务。

第一，通过举办各类讲座、展览、交流、竞赛和参加地区群众文化活动的方式，定期对家庭群众文化活动骨干进行培训，根据活动组织者的要求有侧重地讲授活动组织、文艺技能等方面的知识，提高他们的文化艺术水平和组织活动的能力。

第二，以优秀群众文化工作者和文化志愿者为主体，邀请部分专业艺术人才对家庭群众文化活动骨干进行辅导培训，并积极整合地区工会、共青团、妇联、教育、民政系统及驻地共建单位的相关文化人才资源，对家庭群众文化活动骨干进行业务指导。

第三，利用好图书馆、文化馆、文化站、工人文化宫、青年宫、少年宫、少年之家、社区（村）文化活动中心（文化大院）等公共文化设施资源，为家庭群众文化活动提供服务，各级政府和文化管理部门也可以根据实际情况为骨干文化家庭添购必要的活动器材、学习资料或适当给予补贴、奖励。

（3）尊重历史文化传统与群众意愿。家庭群众文化活动是以家庭为基本载体，成员间根据个人的兴趣爱好、审美取向、文艺特长共同组织开展的创办于家庭、服务于家庭的群众性休闲娱乐活动与文化教育活动。组织开展家庭群众文化活动，要尊重历史文化传统和活动规律，尊重群众意愿，活动方式能够适合以家庭为单位进行或适合家庭成员集体参与，注重引导家庭群众文化活动健康发展。

在举办家庭文化活动时，既要保持尊老爱幼、勤俭节约、助人为乐等中国家庭的传统文化美德，又要尊重家庭成员和周围街坊邻居等与家庭相关人群的意见和建议。一方面，要启迪文化活动思路，努力营造和谐的文化氛围；另一方面，要告知他人争取别人的支持和理解，不妨碍他人的日常生活。开展活动的形式和内容要符合家庭的实际情况，应多举办如书法、绘画、音乐、摄影、舞蹈、文学创作、手工艺制作、影视欣赏和评论、棋牌等家庭成员易参与、互动性强、对空间需求有弹性的文化活动。各种家庭文化活动都应积极传播社会主义核心价值观，在文明、祥和的文化艺术氛围中融洽家庭成员间的感情，提高家庭的凝聚力。

（4）培育和发展具有特色的文化户。培育和发展具有特色的文化户（文化家庭），在家庭群众文化建设中具有重要作用。培育和发展文化户（文化家庭）重点应做好以下三方面的工作。

第一，抓好文化户（文化家庭）的基本硬件条件建设。作为文化户要遵纪守法，操守社会公德，热爱公益事业，邻里关系良好，知书达理，愿意为群众服务；家庭成员要有一定的文化艺术特长和修养，能继承中国家庭的优良传统文化；家庭主要成员应长期居住在本地，家庭居室环境整洁，具有一定的接待能力；能够积极主动地参加文化部门、街道（乡镇）及社区（村）组织的各类文化艺术活动；有条件的应能完成上级布置的宣传任务，乐于配合媒体的采访。

第二，帮助文化户（文化家庭）达到文化部门或街道（乡镇）制定的有关艺术水准的量化标准。

第三，抓好文化户（文化家庭）的日常管理。管理部门要经常关心文化户的活动情况，对于遇到的困难和问题应提供必要的帮助；对文化户开展的文化艺术活动应给予必要的辅导；搭建平台给予文化户必要的表演展示机会；对成效突出的文化户可按照"家庭自荐、群众推荐、组织公示"的程序给予必要的表彰和资格审核。

(5) 积极搭建家庭群众文化活动平台。以演出、展示、交流、比赛等各种形式搭建家庭群众文化活动平台。家庭群众文化活动不只是在一个家庭内部成员之中开展文化活动，更多的是要在不同家庭成员之间开展共同参与、互相切磋、同台竞技的文化活动。举办多种形式的家庭群众文化活动是提高家庭文化活动水平、发现群众文艺人才、丰富地区文化内容、展示群众精神风貌、倡导健康文明生活方式的需要。地域政府及文化部门要努力发挥家庭群众文化活动中所突出的充满人类高尚亲情与爱情的文化感召力的作用，将搭建家庭群众文化活动平台作为建设地区基层文化阵地的重要内容，落实推动家庭文化活动"自我参与、自我发现、自我欣赏、自我发展"的工作措施。

在家庭群众文化活动中应注重发挥当地妇联的组织协调作用。多渠道搭建家庭群众文化活动平台，充分发挥其社会文化价值。例如，精神文明建设、文化宣传、党员学习、司法普及、体育健身、卫生保健、计划生育、校外教育、公益慈善等主题工作，都能够通过不同的活动内容和形式与家庭群众文化活动相结合。

各地区的妇联组织在推动和谐家庭文化建设方面具有丰富的经验，他们组织开展的相当一部分家庭文化活动已具有地区文化品牌效应，因此文化部门要加强与当地妇联的合作，共同搭建起广阔的家庭文化活动舞台。

2. 社区（村）群众文化活动的管理

(1) 社区（村）群众文化活动的重要作用

第一，社区（村）是文化建设与社会建设的契合点，是村落开展群众文化活动的重点。社区（村）将生活或工作在固定地理区域中的人们密切联系在一起，共同的生存环境和需求，让居民（村民）之间在许多方面形成了一致的意识和利益，并体现出带有鲜明地域特色的文化。社区（村）文化是社区（村）建设的基本要素，具有满足群众基本文化需求、教育娱乐群众、规范思想行为方式、传承文化成果、增强群众地域认同感和归属感、促进地区经济发展等功能。村落与社区不同，村民间往往有着世代相传的血缘关系，基本的生产、生活方式趋同，许多村落的地理位置相对偏僻，这让在村落举办群众文化活动有着更加扎实的群众基础和更加迫切的群众文化需求。

第二，社区（村）群众文化活动是居（村）民享受基本文化权益的重要形式。社区（村）群众文化活动便于群众就近参加，符合便利性原则，也符合群众文化活动灵活机动、小型多样的原则。同时，社区（村）举办的群众文化活动一般具有较强的针对性，通常活动组织者来自街道乡镇或社区居委会、村民委员会和驻地单位，能够比较充分地了解地区群众的人员结构、知识层次、兴趣爱好、作息时间等情况，在此基础上结合自身区域文化资源优势，组织开展艺术类群众文化活动及与体育、教育、卫生、普法、党建等相关联的文化活动，容易吸引当地群众积极参与。这些活动既有定期组织的群众性文化娱乐活动，如在春节、端午、中秋、五一、"七一"、十一等节日期间举办的社区（村）节庆文化活动，也有长年累月坚持开展的社区（村）阵地文化活动，如扭秧歌、跳交谊舞、读书、看报等，许多群众将社区（村）开展的各类群众文化活动比喻为"文化娱乐穿线，集体活动织网，共建欢乐家园"。

社区（村）文化活动中常出现以本社区（村）真人、真事为素材创编的群众文化艺术创作，鲜活的艺术形象和内容也是较容易引起群众关注和共鸣的主要原因。社区（村）群众文化活动在家门口举办，在客观上为群众就近参与活动提供了交通上的便利和地域上的亲切感，能够与亲戚、朋友、同事、邻居等一同参与活动并形成互动，在轻松休闲娱乐的同时达到人与人之间沟通交流、增进感情的目的。社区（村）群众文化活动"灵活机动、小型多样"的特点，保证了活动的普遍性、连续性、丰富性、创新性，让群众有机会随时随地参与活动、抒发文化情感。

（2）社区（村）群众文化活动管理的内容

第一，明确责任主体。县（市、区）和街道（乡镇）政府是开展社区（村）群众文化活动的责任主体。社区（村）群众文化活动属于基层公共文化建设和导向性文化宣传的重要组成部分，因此，基层政府在对其管理上处于主导和优势地位。对社区（村）群众文化活动的管理，应形成县（市、区）文化局（委员会）、街道（乡镇）文化科（室）指导、支持，文化馆、综合文化站辅导、帮助，社区（村）委员会、文化室负责组织、实施的活动管理机制。

第二，明确主管人。在社区（村）的居（村）委会内，宜设定一名主管群众文化工作的领导成员。居（村）委会作为政府指导下依法办理群众自己事情的社会基层自治管理组织，应根据有关法规担负起发展辖区公益文化的职责，并本着高度重视和主动维护辖区群众基本文化权益的态度，指派热爱文化事业、有基层文化管理能力的领导成员负责群众文化工作，组织开展好本社区（村）的群众文化活动。

第三，建立协调组织。建立协调组织，即联合地域文化、体育、精神文明建设等相关部门，建立社区（村）群众文化活动协调组织。社区（村）文化活动内容广泛、形式多样，涉及辖区内人们的信仰、价值观、行为规范、历史传统、风俗习惯、生活方式、地方语言和一些特定象征的内容等，并且许多社区（村）中的文化管理人员、文化活动设施都担负着多种活动一体化的工作任务。因此，建立相关的协调组织，多部门一起齐抓共管，有利于节约人力、财力和物力，也有助于扩大文化活动规模、丰富文化活动内涵。

第四，调动社区（村）资源。调动社区（村）资源，即充分挖掘社区（村）内的文化资源，为社区（村）群众文化活动提供服务。这些资源主要包括：社区（村）周边的企事业单位、学校以及社区（村）家庭的活动场所资源，文化艺术产品资源，各类文化艺术人才资源等。调动社区（村）丰富的社会资源参与群众文化活动，是在辖区内形成文化共建、文化共享、文化共荣良好局面的基础。重点加强政府引导下的文化共建激励措施、组织保障措施的建设，不仅有利于形成高水平开展社区（村）文化活动的长效管理机制，也能为辖区单位的文化建设增添新的内容，符合辖区单位科学发展的长远利益。

第五，建立援助机制。各级政府、社会各界应帮助社区（村）建立群众文化活动的援助机制。县（市、区）文化馆、乡镇（街道）综合文化站要加强对社区（村）群众文化活动的指导和帮助。县（市、区）、乡镇（街道）级文化部门要分别整合两级区域文化资源，提升社区（村）群众文化活动水平。组织家住社区或农村在外工作的知名人士、企业家或团体，参与社区（村）的群众文化活动。以个人或组织的知名度带动外界文化资源的引进，推动辖区文化活动的活跃开展，逐步彰显地区文化活动的风采。

第六，发展特色品牌。发展特色品牌，即大力发展"一社区一品""一村一品"的特色群众文化活动。注重传承和保护民俗生态文化，加大对优秀民间文化资源的发掘、整理和保护，积极培育具有当地文化特色的项目。以文化活动为抓手，联结和整合辖区内不同类型的文化资源和同类型的上、下游资源，以举办品牌活动的手段，实现全方位推动社区（村）文化活动的目的。

第七，改善活动设施。改善活动设施，即依托社区（村）综合文化室，加强对社区（村）级文化设施的整合。积极争取上级有关部门的支持，不断增加和改善开展群众文化活动所需的场地、设施和设备。逐步建立和完善有专人管理的社区（村）群众文化组织队伍，统筹属地内的文化活动设施和文化活动设备，提高使用效率。因地制宜地完善活动设施建设、维护、升级制度，保证活动设施稳定、持久地发挥其文化服务功能。

3. 广场（公园）群众文化活动的管理

广场（公园）是覆盖城乡的公共文化空间，它为群众交流思想、联络感情、强身健体、娱乐休闲、展示才能、切磋技艺等提供了良好的文化环境，是开展露天性群众文化活动的理想场所。文艺表演类活动、休闲健身类活动、主题展览类活动、民间收藏活动、文学美术创作类活动及文化市集类活动等，都是广场（公园）群众文化活动的主要形态。广场（公园）群众文化活动总体上包括两种类型：一类是城乡居民自发组织的、以广场（公园）公共活动场地为基本阵地所进行的群众文化活动；另一类是由有关部门和单位在广场（公园）开展的、有组织的群众文化活动，如广场文艺演出、比赛，公园的游园、灯会、庙会等。这些活动有效地调动了群众的文化热情，从不同层面上满足了群众多元化的文化心理需要，实现了群众业余文化需求个性化与共性化的统一、随机性与导向性的统一、专业文艺活动与群众业余文艺活动的统一，使广场（公园）群众文化活动呈现出雅俗共赏、兼容并蓄的景象。

广场（公园）自发群众文化活动管理应遵循以下基本原则。

（1）切忌生硬介入，过多干涉。在广场（公园）自发举办的群众文化活动一般有着比较坚实的群众基础，反映了当地部分群众的文化审美取向，体现了比较一致的文化需求。对于此类活动只要主题格调健康、积极，同时对他人或对环境不造成影响，群众文化管理者就要尊重群众的文化意愿，防止生硬介入、过多干涉所引起的不必要的矛盾和纷争。

（2）调查研究，建立沟通渠道。要加强在广场（公园）自发举办群众文化活动的调查研究工作，对活动内容、活动形式、活动时间、活动地点、活动经费、参加人员、组织方式、群众文艺创作等方面进行系统的调研，并及时总结、推广活动的成功经验，加强与活动组织者的沟通，用群众易于接受的方式给予适度的指导，引导活动高水平健康开展。

（3）发现群众文化骨干，将其纳入群众文化骨干管理范围。在广场（公园）自发举办的群众文化活动中涌现出的文化骨干，一般都是具有较高综合素质或突出文艺专长的人员，并且在群体中得到了多数人员的拥护和肯定，具有较高的威信和号召力。对于这类群众文化骨干人才，要及时将他们纳入群众文化骨干的管理范围，有针对性地加大培训力度，通过以培养骨干促活动的方式，提高自发性群众文化活动的水平。

（4）发现和扶持优秀群众文艺团队。对于在自发性群众文化活动中发现的优秀群众文艺团队要加强帮扶力度，一方面，要帮助其规范自身的组织结构、管理机制建设、培养团队管理者、在经费和设备上给予支持；另一方面，要帮助其健全组织、开阔眼界，加强业务辅导、培育文艺骨干、提供参与相应比赛的机会，并将其纳入业余文艺团队管理范围，使其逐步走向规范化、正规化。

（5）发挥广场（公园）群众文化资源的效力。调动广场（公园）自发群众文化活动中表现优秀的文艺团队的积极性，发挥和利用这些团队的优势和特长，由自娱自乐的活动方式向参与社区（村）文化共建、共享的活动方式转变，以此促进区域文化资源的整合。由有关部门和单位在广场（公园）开展的有组织的群众文化活动，应根据地区群众的需求、地方政府年度文化宣传工作的安排，结合广场（公园）的建筑设备情况有序开展，并积极发挥示范、引领作用，引导广场（公园）自发群众文化活动健康地发展。

第四节　群众文化活动创新发展的思考与实践

一、群众文化活动创新发展的机遇

社会主义文化强国的建设，人民群众生活水平的提高，科学技术的飞速发展，给群众文化活动带来了一系列新的历史机遇。

（一）政策体系的完善

完善公共文化服务体系，深入实施文化惠民工程，丰富群众性文化活动。公共文化服务体系建设工作最终的落脚点在活动上，惠民工程实施的成效也要在活动中体现，通过活动才能让人民群众最真切地感受到文化获得感、幸福感。

完善城乡公共文化服务体系，优化城乡文化资源配置，推动基层文化惠民工程扩大覆盖面、增强实效性，健全支持开展群众性文化活动机制，鼓励社会力量参与公共文化服务体系建设。这从推进文化治理体系和治理能力现代化的角度，对群众性文化活动提出了健全机制的明确要求。

推进城乡公共文化服务体系一体化建设，创新实施文化惠民工程，广泛开展群众性文化活动，推动公共文化数字化建设。《中华人民共和国国民经济和社会发展第十四个五年规划和2035年远景目标纲要》中，也明确提出要广泛开展群众性文化活动。在中央的高度重视下，各地、各部门也在不断完善公共文化服务体系建设，丰富群众文化活动的政策体系和支持保障体系。从中央到地方，政策体系的完善为群众文化活动提供了良好的机遇。

（二）人民精神文化需求的增强

随着物质生活的日益富足，人民群众的精神文化需求日益增强。经济社会发展水平越高，人民群众物质生活越丰富，人们的精神文化需求就越突出。目前我国已经转向了高质量发展阶段，人民改善生活品质的愿望更加强烈，对享有更丰富、更高品位文化生活的期盼日益高涨，这也为群众文化活动提供了广阔的空间。

群众文化活动场次和服务人次的增加，必然推动群众文化活动高质量发展，同时也对各级群众文化机构提出了更高的要求。应当看到，我国文化需求和文化供给之间的结构性矛盾还比较突出，在群众文化活动方面也是如此，活动的数量和质量还有较大的提升空间，如何吸引更多年轻人参与，也是文化馆人必须面对的问题。

（三）科技赋能的加快

当前，我国数字社会、数字政府建设步伐加快，互联网普及率和用户规模大幅攀升，这为群众文化活动的创新发展提供了许多有利条件。鲜活的群众文化活动在短视频应用和互联网传播方面更是有着天然的优势。

身处互联网时代，文化馆人必须树立互联网思维，具体而言，应具有三种思维：平台思维、用户思维、数据思维。搭建线上线下平台，要求的是整合资源的能力；以用户为中心，了解用户需求，关注用户体验，要求的是与用户建立深度连接的能力；基于海量数据的需求分析、意见反馈、绩效评价，要求的是重构供需关系、优化资源配置的能力。因此，全国公共文化发展中心于2020年下半年对国家公共文化云的手机端进行了全面改版，从用户的角度出发，注重用户的需求和体验，全新设置的版块包括：看直播、享活动、读好书、学才艺、订场馆、赶大集，致力于在手机端打造全民艺术普及服务的总平台，打造全国群众文化活动的中心。

二、群众文化活动创新发展的思考

（一）注重社会化特点

网络彻底改变了人们的日常生活，也给群众文化活动带来深刻的改变，我们必须积极地适应和拥抱变化，为群众文化活动插上互联网的翅膀。移动互联网时代意味着海量的用户、海量的资源、海量的数据，要求我们用新的思维方式看待群众文化活动。在移动互联网时代，广大群众不仅仅是文化活动的参与者，同时也是创作者、传播者。以短视频为例，其发展的关键在于内容，因此公共数字文化需要提供更多优质的短视频内容。

（二）重视多样化特点

群众文化活动不仅围绕各类传统节日和民间文化艺术开展，而且紧扣时代脉搏，与现代时尚潮流文化紧密结合，焕发出传统与现代交融的勃勃生机。比如，天津市群众艺术馆推出的"梦想家"系列活动，着眼于青年人的文化需求，开展了梦想家青年戏剧节、大学生音乐节、大学生相声展演季、梦想家动漫周以及新青年新国运、新青年新合唱、新青年新街舞、新青年新越剧等一系列活动，在京津冀的高校和年轻人中产生了积极影响，挖掘和发现了众多青年文艺人才。

（三）实现网络化特点

线下举办群众文化活动，以线上直播的方式呈现，实际上还是处于"互联网+"的时代；线上线下同步策划、融合互动，才是真正意义上的"互联网+群众文化活动"。2021年，上海市民文化节首次在线上线下同步启动"文化服务日"，坚持在场与在线并举，在线下主会场和 5 个分会场同时举行相关活动，在线上推出 8 大频道 12 小时的大联播，打造全天候、多样化、不落幕的云上虚拟文化节。

（四）注重品牌化特点

追求品质、打造品牌是群众文化活动创新发展的大势所趋。对于群众文化活动而言，品牌认知的五个由浅入深的量度分别是认知度、美誉度、参与率、满意度、推荐率。群众文化活动只有进行品牌化发展，才能更好地融入生活，提升社会影响力。把握群众文化活动的新变化、新特点，推动群众文化活动创新发展，主要思路如下。

第一，把握群众需求，做好服务引导。主动靠近群众，了解群众需求，充分尊重人民群众的主体地位和首创精神，充分发挥群众文化活动寓教于乐的特点，为广大人民群众提供方方面面的服务，引导群众在参与中自我表现、自我教育、自我服务。

第二，紧跟时代发展，融合线上线下。树立互联网思维，把互联网作为平台和引擎，推动群众文化活动创新发展，不断提升群众文化活动的覆盖面和实效性，打造群众文化活动新业态，推动形成积极健康的网络文化生态。

第三，整合社会资源，打造活动品牌。探索更广阔的天地、更多元的发展，整合中央与地方、文化与旅游、事业与产业的丰富资源，吸引社会力量、市场主体、民间能人积极参与，打造活动品牌，实现破圈层传播，进一步提升群众文化活动的影响力。

第四，统筹国内国际，推动群文活动走出去。充分发挥群众文化活动深接地气、通俗易懂、小巧灵活的特点，开展线上线下对外文化交流活动，让各地优秀群众文化团队、节目和资源"走出去"，讲好中国故事，讲好百姓故事。

三、群众文化活动创新发展的案例

（一）《群英汇》

《群英汇》作为大型群众文艺展示栏目，以城市为单位录制，以群众业余文艺团体节目展示为亮点，讲述老百姓自己的平凡而真实的文化生活故事。《群英汇》是一个文化艺术界精英与普通群众团队手牵手的平台。在这里，艺术家会与群众团队面对面交流，对他们的表演做出点评并现场指导。之后，艺术家会与群众团队即兴表演。此外，《群英汇》还是一个文艺帮助的平台。来到节目的群众团队都会带着自己的文艺心愿。在现场，艺术家会对团队的文艺诉求伸出援手，帮助团队实现文艺愿望。

（二）"云上群星奖"

"云上群星奖"是群星奖在互联网平台上的主阵地、主载体，也是"群众文艺+互联网"的一次有效尝试。"云上群星奖"将台下有限的物理空间，与线上无限的互联网空间相结合，把线下的文艺评奖变成了线上的全景式体验空间，同时发挥新媒体传播优势，依托国家公共文化云、文化上海云和圆点直播，联合多家地方云，全方位、多角度展示了群星奖的台前幕后，让广大群众通过互联网来关注和参与群星奖的各项活动。这次尝试让全国的观众在网络云端见证了群星璀璨，同时也开创了公共文化传播的一个新模式，使群星奖的传播效应无限延伸。

（三）"百姓大舞台"网络群众文化品牌活动

2020年文化和旅游部全国公共文化发展中心开展了全国群众文化网络联动工作，重点是依托国家公共文化云，联合各地文化云，开展"百姓大舞台"网络群众文化品牌活动。活动以"云上群文风采共享美好生活"为主题，为全国各地极具特色的群众文化活动、品牌活动搭建了一个更广阔的舞台。

"百姓大舞台"不仅是老百姓的舞台，更是全国群众文化活动最优秀的品牌活动舞台。我们不仅开展了网络直录播、短视频征集展播活动，还进行了人气活动推选，通过线上专题活动和线下各地丰富多彩的群众文化活动，进一步提升了群众文化工作的影响力。通过开展"百姓大舞台"活动，将如珍珠般散布在全国各地的优质群众文化活动穿成了一串美丽的项链，梳理成了"全民广场舞""好歌大家唱""乡村文艺秀""达人嘉年华""欢庆中国节""区域大联欢""时代新风貌""明星闹村晚"等多个版块，使广大群众能够在网上享受来自全国各地的群众文化盛宴。

（四）全国"村晚"示范展示活动

"村晚"是乡村居民自编、自导、自演、自赏的群众文化活动，串起了乡音、乡情、乡愁。"村晚"用反映群众身边人、身边事和身边情的节目，展现了广大农村地区的乡土气息、民风民情和人文底蕴，倡导文明过节新风尚，呈现百姓们的小康生活和新时代中国人的精气神。传统的"村晚"经过策划包装，通过年轻态的转化表达，焕发了新的生机与活力，通过网络联动让各地"村晚"从区域的小欢喜发展成遍及全国的大联欢，带着大家体验各地过年的情景，让老百姓的春节文化餐桌上呈现出了不一样的年味，使就地过年的群众感受到了浓浓的家乡味道。

群众文化活动是一个无比广阔的舞台，可以有效激发广大群众的文化创造活力，让更多的人实现自己的艺术梦想；群众文化工作是一片群星璀璨的星空，每一个充满奉献精神和无私品格的文化馆人，都是天空中一颗明亮的星。

第五章 图书馆参与公共文化服务体系建设创新

第一节 图书馆发展及职能演化分析

一、图书馆的发展与创新趋势

随着社会经济的发展与科学技术的不断进步，图书馆信息服务的创新与发展也逐渐变成图书馆管理者与信息需求者所共同关注的话题。在信息化时代的发展背景下，作为获取信息资源重要途径的图书馆如今也随着信息获取渠道的多样化而面临着新的挑战，只有不断完善图书馆各项服务及创新管理模式，才能满足信息需求者不断提高的信息获取需求，促进图书馆可持续发展。

（一）图书馆的定义

图书馆是搜集、整理、收藏图书资料，以供人们阅读、参考的公共机构，是由馆舍、文献和人员共同构成的综合体。在图书馆中，人是活动的主体，图书馆中的各项活动都是以人为中心展开的。图书馆中的馆员是内部群体，读者是外部群体，两者之间在工作中的默契与配合，才能使得图书馆的工作正常开展，使图书馆的社会功能得以体现。

图书馆的定义可以考虑的方面包括：①图书馆是一个信息交流与管理的系统；②图书馆是一个动态的系统，它的职能、机构、形态随着时代的变化而变化；③图书馆是一个公共性的科学、教育、文化、服务机构，是专门为公众服务的社会组织；④图书馆通过为所有的读者服务，从而达到为经济基础和上层建筑服务的目的；⑤图书馆的主要功能可以概括为管理信息和交流信息，并使其增值。

（二）图书馆的产生与发展

1. 图书馆的产生

图书馆是在特定的背景下产生的，它的诞生以浓厚的文化背景为依托：一是文字的诞生；二是所留存的文献。文字的价值就在于记录事件，传达信息，它是不可替代的书写符号。文字产生的过程中，几个节点十分关键——象形文字的诞生是埃及人智慧的彰显，它的另一个名字被称为纸草文字；楔形文字是文字发展史上的另一个高峰，苏美尔人为文字的产生做出了不朽的贡献；商朝人对于文字发展在世界文字发展史上的贡献得到了较大的认可，甲骨文是他们不朽的杰作。

文字诞生以后，相应的载体也就随之出现。在文字数量不断上升的背景下，为了使记录更为真实，对事物的情感流露更加准确，文献也就随之而出现。文献是指记录知识和信息的一切载体。例如埃及的纸草卷、我国古代的甲骨文献、金石文献、泥陶文献、简帛文献等，都是不同载体的文献；再比如现在的纸质文献、光盘、缩微胶卷等也是不同载体的文献。由于文献记录、展示、保存了文字，所以文献是人类文明传承延续的集中体现。伴随文献数量的不断增加，将文献有序保存的需求逐渐出现，人们需要有一个地方保存文献，并且要有专人来管理文献，这样，图书馆就应运而生了。

在中国，公元前 13 世纪的殷商时代，甲骨文出现后，王室就有了保存典籍的地方，实际上这就是图书馆的萌芽。图书馆真正有文献可考的历史始于东周春秋时代，那时王室中有了专门的典藏处——藏室，并设立了专门的职官来管理文献。

2. 图书馆的发展

（1）古代、近代图书馆。就全世界范围而言，自图书馆登上历史的舞台之后，由于中世纪的神权制约，大多数教堂中都设置了图书馆，这与教会掌握话语权有着最为直接的联系；11 世纪左右，西方大学的影响力不断扩大，大学当中的图书馆影响力不断扩大；15 世纪后期，随着文艺复兴在全球影响力的上升，欧洲不少国家都相继建立了图书馆。尤其是西方受到我国造纸术影响之后，图书馆建设更是愈演愈烈，藏书的数量较之前也急剧上升。

步入近代，英国革命使得资本主义社会发生了翻天覆地的变化，西方国家的资本主义悄然萌芽，这也使得图书馆发展迈上了快车道。资产阶级重视学习教育，不断开设各种类型的图书馆，目的就在于帮助劳动者普及知识。在这样的背景下，原来从属于皇室的图书馆与社会的结合更加紧密，他们脱离了和教堂的关系，图书馆的社会性越来越强。

从我国的历史来看，早在周代就有了图书馆。随着图书馆的出现，相应的管理机构也随之诞生，至汉代，图书馆建设已经较为成熟，拥有了较大的规模。隋唐时期，我国经济进入了一个历史高峰期，文化发展愈加繁荣，印刷术也更加成熟，这些都为图书馆的发展奠定了深厚的基础。除了国家藏书之外，私人藏书的影响力也逐渐扩大。宋代以后直至封建社会结束，图书馆保持着较快的发展步伐。印刷术方便了文献的传播，各种类型的书籍也都得到了最大范围的流传，这些都促进了图书馆行业的日益繁荣。宋代的书院对于文献的传播也起到了极大的推动作用，信息的传递更为便捷。

19世纪40年代，更多面向社会的、融合性的图书馆开始诞生。在我国，上海由于独特的地理位置和开放包容的城市特色，成为近代图书馆的奠基之地，最具代表性的就是19世纪40年代诞生于徐家汇的图书馆。此外，我国图书馆发展史上，武汉的重要性也不可忽视，它成为近代图书馆的又一个重要奠基之地。1902年对于我国图书馆业的发展而言是十分关键的一年，京师大学堂登上历史的舞台，它的建成和投入使用是我国图书馆建设过程中的一件大事，直至今天依然有着不可忽视的影响。1909年所成立的京师图书馆①在三年之后正式对外开放，它的成立在近代图书馆建设史上留下了浓墨重彩的一笔。

（2）现代图书馆。电子计算机等技术逐步在图书馆应用，图书馆的馆藏结构、服务方式、服务手段发生了巨大变化。特别是进入21世纪后，电子图书馆、数字图书馆发展迅速，使图书馆的形态和职能发生了革命性的变化，图书馆的工作效率和服务效率大大提高，服务不断深入。图书馆的文献载体不断丰富，不仅收藏印刷型的图书文献，也大量收藏非印刷型文献信息（缩微制品、录像带、磁盘、光盘、数据库等），大大改变和丰富了馆藏；图书馆之间的联系更加密切，向网络化、国际化方向发展；图书馆的职能不断扩展，除了保存文化典籍、普及科学文化知识、进行社会教育外，还增加了信息开发传递和智力资源开发等职能。

（三）图书馆的创新发展

信息时代的到来，使得社会各个领域都发生了重大的发展变革，对于图书馆建设同样如此，"互联网+"的不断发展，以及移动终端，尤其是智能手机的普及，更是极大地改变了人们的信息获取形式和信息获取路径。随着信息技术的不断更新，信息社会已由电子社会向泛在社会发展，泛在社会将实现任何人或任何事物在任何时候、任何地点的通信与联系。在这样的社会环境之下，图书馆作为重要的信息文献集中地，也必然面临着变革发展的发展趋势。对当前的图书馆而言，电子信息、电子文献的迅速发展，既是一个巨大的机遇，同时也是一个严峻的挑战，需要图书馆管理人员深入思考把握图书馆的未来发展方向，认真对待，积极回应，从而更好地应对未来的发展环境。

1. 图书馆的新业态发展特性

（1）重视用户数据。在新业态下，除了加强文献资料数据的采集，还要对采集的数据进行分析、挖掘、整合，让它们产生更多有利的价值，以提升图书馆的核心竞争力。

---

① 京师图书馆是1909年由学部设立的，1912年后由北京政府教育部接管，当时藏书达10万册。

图书馆要提升读者服务质量，就需要借助科技的力量，对计算机和大数据进行运用，完善非结构化和半结构化的数据，重视用户信息和数据的收集，对这类数据进行分析、分类挖掘，发挥其价值和意义，为图书馆的服务提供参考依据，实现图书馆服务和业务的融合发展。

（2）探索大数据服务。新业态背景下，人们的日常活动轨迹都或多或少地被信息系统记录一些信息数据。把这些信息数据进行收集、挖掘、整合及分析之后，就可以还原一个社会个体的运行轨迹和全景，这就是大数据分析的结果。图书馆要想取得发展，避免边缘化，就必须对大数据进行探索，引进大数据和计算机技术。

一般来说，图书馆可以采取以下两种大数据服务方式：①图书馆大数据，例如读者的检索历史、借阅习惯等，是对现有资源进行收集、分析、挖掘；②用户大数据，这类分析是针对图书馆的用户群体信息进行参考、分析用户所需的，但是无法对全部的用户进行分析，可以通过其他渠道获得客户大数据信息，但是会面临技术和知识产权的问题，解决这些数据所面临的问题也是图书馆创新发展的关键。

（3）利用数据分析工具。大数据业态下，用户在互联网上的轨迹无时无刻不在产生着半结构化和非结构化的数据，如果可以收集到这些数据，对数据进行挖掘分析就可以更好地研究人们的关联性和需求性，对需求进行分类，制定数据模型，提高个性化推广精确度。对图书馆来说，迫切需要提升大数据技术以促进图书馆的发展，提升竞争力。目前已应用的分析技术有网络分析、数据融合、数据分析挖掘、可视化分析、数据聚成等。特别是可视化分析、聚类分析及数据挖掘技术对图书馆数据技术分析起到了促进作用。

（4）图书馆服务智能化。借助大数据技术，图书馆可以提升智能化服务，新业态背景下图书馆对技术的要求也越来越高，智能化服务的程度也更上一步台阶。

第一，从图书馆自身来看，图书馆提高智能化水平可以处理复杂的数据工作，既能节省人力、物力，又可以实现人工无法完成的工作。

第二，从读者来看，智能化程度可以提升服务水平，读者可以更加轻易便捷地获取需要的文本、视频、图片等信息，节约读者的信息搜索时间，提高读者的阅读体验感。

第三，从知识流通来看，有利于知识由隐性向显性转变，有利于知识的挖掘、发现、整合。对于图书馆的知识流通来说，智能化的发展可以提高知识的传播。

（5）关注阵地服务和网络服务。在新业态背景下，图书馆在探索服务创新的过程中，加强对网络在线服务的重视，也重点关注线下阵地服务的多元化开发，力求能通过完善服务体系的构建，形成新的服务模式，确保能实现对阵地服务和网络服务的协同发展，从而展现图书馆服务的独特魅力，真正发挥图书馆在提供公共文化服务方面的优势。

（6）无限支撑服务无限发展。对新业态背景下图书馆读者服务的创新发展情况进行分析，能看出在新业态背景下，读者服务发展过程中全面加强对数字技术和大数据技术的重视，对读者服务资源进行了全面整合，归纳整理了多种类型的图书资源。在一定程度上使互联网信息技术支持下图书馆发展过程中能实现对资源的无限整合，可以在海量的资源中筛选出合适的资源为读者群体提供相应的资源供给服务，服务效能也得到了显著的提升，对于新时代背景下服务模式的重新构建产生着重要的影响。

（7）工作突出强调个性化。在中国社会经济体系建设呈现出全新发展状态的情况下，社会大众对公共文化服务的需求也呈现出多元化的发展状态，图书馆在发展过程中，为了满足读者群体的需求，需要结合大数据技术和人工智能技术对读者的个性化服务需求进行准确判断，按照个性化服务需求制订个性化的服务方案，使读者群体服务彰显出个性化发展特征，保障图书馆所开展的服务得到读者群体的高度认可。

（8）集群化发展迅速。新业态下，图书馆的资源载体价值不断提升，改变了传统学科融合和资源结构，更多普通人可以通过加入数字图书馆平台获取相关的信息，实现移动化、多渠道的信息互通方式。图书馆的资源集群效应越来越强劲，依托于日益完善的互联网环境，事物和数据得到有效的链接，使得资源集群更具价值。创新业态的不断增多，图书馆资源价值本身的不断多元化，对社会信息数据量提升发展的辐射和带动作用不断增强。

2. 图书馆的创新趋势

（1）图书馆的价值延伸趋势

第一，资源建设与知识中心。在当前数字化、网络化、信息化发展的背景下，高校图书馆的教育职能和价值会得到有效的延伸。从高校的发展经历来看，无论是初期的211、985还是双一流建设，其设置的根本目的在于推进高校的长远建设，使高校真正建设成为国际一流高校。高校图书馆要实现进步发展，需要做好资源拓展延伸，积极推进数字资源建设。电子资源内容的丰富，也为移动图书馆的发展提供了充分的物质支持。读者能够高效便捷地利用图书馆的电子资源，充分发挥图书馆的馆藏优势。图书馆的移动化趋势也在一定程度上带动了泛在知识环境的形成，泛在知识环境的主要特点，包括信息资源内容和提供者的广泛性、信息设备的广泛性。数字技术的发展使得用户在获取信息资源时更加多元化，信息的存在形式也更加多样。在"互联网＋图书馆"状态下，信息资源建设的发展，为读者的信息收集提供了更加广阔的空间。

第二，阅读推广服务与学习中心。对于高校图书馆来说，资源建设是基础，而服务建设则是根本目的。随着目前信息推送渠道的不断优化，读者在信息获取的能力方面也不断提升，图书馆传统意义提供参考咨询方面的价值进一步减弱，这也对图书馆的服务拓展提出了更高的要求。近年来，随着图书馆阅读推广活动的开展，提升高校师生的阅读质量和效果，是高校图书馆进行文化教育需要思考的问题。一些高校图书馆也为各院系的学术团队和学术研究提供定制化的信息服务。对图书馆来说，"为人找书，为书找人"是阅读推广活动的核心。在未来高校图书馆的发展过程中，要继续深化阅读推广服务，发挥图书馆的学习中心价值，鼓励师生多读书，读好书，读经典书籍。

第三，特藏资源与文化中心。图书馆具有重要的文化中心职能，图书馆管理人员要充分认识到图书馆在保护和传承文化中重要的职能和作用。重视图书馆特藏资源的保护与开发，积极探索古籍保护的相关技术与理论，更好地挖掘出图书馆的资源优势。通过图书馆馆员与技术开发人员、学术专家的密切合作，使数字馆藏与古籍馆藏有效结合，实现良性互动并持续发展，更好地发挥出图书馆馆藏资源和文化中心的价值。

第四，移动图书馆联盟建设。移动图书馆联盟作为一种全新的组织形式，不同于传统的图书馆联盟或数字图书馆联盟，是高校图书馆为了满足读者随时随地获取信息资源的目标，利用无线网络技术进行知识资源的推送，以图书馆联盟成员的资源为基础，与移动运营商、数据库开发商等机构共同联合，受协议和合同制约和保护的联盟体。移动图书馆联盟的出现，有效解决了自身资源的不足与版权的问题。同时，移动图书馆联盟也为移动图书馆的发展提供了系统的解决方案，在获得稳定的财政支持的基础上，拓宽了资金的来源渠道。移动图书馆建设前期须投入较高的成本，后期的运营使用费用也较高，如果单靠政府的投资或高校自身的经费，很难满足实际需求，而移动图书馆联盟，吸纳移动服务运营商和数字资源提供商，能够更好地联合民间和社会的投资，实现互利互惠。

（2）图书馆的绿色建设趋势

第一，硬件设施的绿色化趋势。

馆舍的建筑方面。绿色图书馆更多的是以可持续发展的理论为指导，强调对自然资源的合理利用，追求图书馆建筑本身的绿色环保，实现人文价值、自然价值的有效匹配。绿色图书馆的发展趋势更符合大众审美标准，也能够有效体现时代发展的潮流，提升图书馆的可持续发展能力。从建筑方面来看，绿色图书馆要求建筑要与当地的自然环境相协调，要充分考虑所在地的气候、季节风向的变化，使图书馆能够保证良好的通风、采光效果，最大限度地实现节能、节地、节材的同时，为读者提供优雅舒适的学习和使用空间。

馆舍的节水、节能方面。在节水节能设计方面，图书馆内部空间可以通过科学匹配馆内的花艺、草坪，利用收集的雨水进行绿化灌溉，还可以利用空调水、雨水进行卫生清扫。科学布置和规划图书馆馆内洗手间的数量，采用感应式水龙头和节水型的卫生设施。对于高校图书馆的老馆来说，内部面积相对狭小，空间较窄，而新建的建筑内部空间较大，不适合完全采用自然采光和通风。因此，需要采用一定的空调和照明系统，会多消耗能源。而在环保理念的影响下，必须考虑其在供热、供能、供冷、照明方面的能耗成本，采用先进的节能设备，例如节能感应开关、声控系统等，实现节能的环保理念。

馆舍中绿色设备的使用方面。高校图书馆内部在计算机机房、网络储存等基础设施上的应用也逐渐完善，这也成为图书馆绿色建筑建设中的重要环节。图书馆在未来发展中要继续推进绿色的电气设备、机房服务器，计算机储存系统等节能环保设备的应用，更好地推进绿色机房建设。要考虑整体建筑空调、UPS、服务器等设备在应用与管理系统中的实际效率，使图书馆在稳定各项业务平稳有效运行的基础上，降低能耗，实现最优化的动力环境设置。对于机房空调来说，占据了整个机房能耗的一半，推进绿色节能机房建设能够更好地提升节能效果。

第二，软件服务的绿色化趋势。

绿色馆藏。图书馆拥有大量的书籍、报刊、档案等馆藏资源，在资源的排布过程中必须科学有效，排架要干净、无尘、无污染，室内空间明亮、空气清洁，为读者提供温馨舒适的阅读环境。

绿色使用。对绿色图书馆来说，如何推进可持续发展需要读者和工作人员的共同参与。一方面，图书馆内部要在使用水、电、馆藏资源等方面为读者提供有力的保障；另一方面，图书馆要加强对读者尤其是新生的入馆教育，使其知晓要爱护图书馆的环境，维护图书馆的环境，更好地实现资源的可持续健康发展，实现对图书馆内部馆藏资源的绿色化使用。

绿色保存。在图书馆的绿色服务方面，随着目前图书馆服务的不断优化，自助借还、自助复印、打印，电子月报等自助式服务，极大地便捷了读者。并且，随着网络和计算机的不断普及，图书馆内部数据库、电子书全文、数据库、开放机构库等的应用，更使图书馆在管理和使用方面更趋向于无纸化，不仅为读者提供了更加丰富的电子资源，也能够有效实现数字资源的长期保存和绿色阅读。

第三，人员理念的绿色化趋势。

读者服务的绿色化。图书馆作为高校的重要第二课堂，在当前读者需求多样化的趋势之下，应用绿色服务环境，深化绿色服务，能够更好地推进读者的身心健康发展。对于图书馆和图书馆工作人员来说，要为读者提供及时丰富的文献资源服务，借助现代信息技术，使读者在阅读中有更加良好的使用感受。同时，读者自身也要具有绿色意识，自觉爱护环境，节水，节电，维持健康、舒适、高效、适用的使用环境。

馆员队伍的绿色意识。图书馆馆员要深入了解读者，绿色服务本身就是一种人文关怀，对于图书馆的工作人员来说，需要重视读者的内心需求，尊重读者的价值与全面发展。馆员要树立以人为本的服务理念，更好地满足读者的需要和要求，使图书馆真正成为读者向往的求知空间。同时，馆员自身要具备绿色精神，即默默奉献的精神和主人翁责任精神，在读者前来图书馆阅读、学习的过程中，给予读者亲切的问候、善意的微笑，成为读者的良师益友。

二、图书馆的职能演化

图书馆是人类社会发展到一定阶段的产物，其产生的前提是社会信息交流保存，直接动力是文字和文献的产生。图书馆的发展离不开社会生产力发展，受到社会因素综合作用的影响，同时又在社会发展和人类进步中发挥了重要作用。从图书馆发展历程看，其自身的职能也是随着社会的推进不断变化的，不同时期都有相应的表现形式，与社会赋予的历史使命不可分割。

在历史上，图书馆扮演的最重要角色是文化交流的媒介，这也是图书馆的社会性、教育性、学术性、服务性的根本。图书馆性质的多样性，使之成为兼具多功能的综合体。早期图书馆主要承担文献保存的职能，以供读者阅读利用。随着时代发展，图书馆面向社会开放，在继承传统功能的基础上，进一步演化出越来越丰富的内涵，包括教育、科研、文化服务等，其社会化职能被不断强化。

（一）文化传承的职能

文献是人类千百年积累的重要财富，其中蕴含的知识也是人类赖以进步和发展的重要基础。任何一个图书馆，都是人类精神文明的基地，是任何机构都无法替代的。只要人类还在生存和发展，就需要文献和阅读，作为保存人类文化遗产、传承和交流知识信息的图书馆，始终是人类文明的丰碑。

在古代社会，图书馆的主要职能是保存传递文化遗产，包括对文献的搜集、整理、加工、组织管理、传播等。这是图书馆最基本的职能，也贯穿了图书馆发展的全过程。从图书馆远古的遗迹中可以看到，其原始文献记载了当时的社会生活、生产、宗教、战争等各种活动，是人类文明的远古记忆，至今仍具有宝贵价值。

进入封建社会，伴随着生产力提高，社会财富增加，以及社会分工细化，图书需求和流通数量大增，图书馆逐步成为独立机构，藏书功能也日渐完善。这一时期的西方图书馆多存在于教堂和修道院，称为寺院图书馆，文献利用范围只限于极少数权贵人群。而在我国，古代图书馆分为官府、书院、寺院、私家四个体系，以"阁""楼""斋""院""府""堂"等为名，最普遍的称谓莫过于"藏书楼"。在漫长的封建社会里，藏书楼以收藏和保存图书为主，为后世积累和保存了大量文化典籍，也创造了搜集、整理文献的宝贵经验做法，形成了较完善的藏书管理体系。藏书楼经久不衰、代代延续，直到近代才被真正意义的图书馆所替代，不论形式如何，其历史使命一脉相承，为文化传承提供了丰富的资源和场所。

"图书馆具有丰富的历史文化资源，承载着传承中华优秀文化的重要任务。"① 通过图书馆，人类的知识代代积累传承，向社会广泛传播，创造更多的精神和物质价值。图书馆在历史长河中，可能会因各种原因遭受建筑和文献的损毁遗失，但其核心价值即知识和文化的传承精神却永世长存、生生不息，也是其随时间流逝一次次重生的根本原因。图书馆场所可以修缮和重建，文献内容可以复制和传播，图书馆学理论和管理制度可以发展完善，只要其精神内核得以继承和发扬，就能保证人类知识和文明的传承。

（二）教化育人的职能

教育是图书馆自古以来主要的社会职能之一。书院是我国封建社会特有的一种机构，兼具藏书、教学功能，古代书院同现代图书馆一样对智慧资源有着丰厚的积累。书院在长期发展中，积累了丰富的教学经验，遵循着"传道受业解惑也"的教育理念，培育学子，传授知识。书院中，老师提倡学生自学博览群书，并借助丰富的藏书指导学子，以此来完成人才培养的职能或目的。同时，书院在教学中还贯彻秉持着儒家思想道德体系的育人核心，于德于才培养学生，最知名的是古代四大书院（应天府书院、岳麓书院、白鹿洞书院、嵩阳书院）。正是这样的先贤士人通过书院培养后学，才使得中华文化延绵不断的传承。

随着社会的进步，文化知识成为社会的迫切需求。人人都有权享受教育，为此图书馆有责任和义务面向社会提供知识服务、信息服务，以补充学校课堂教育的不足。在西方，许多国家先后建立全国性的图书馆并对社会开放。近代以来，随着西学东渐的潮流，我国也相应出现了面向社会开放的图书馆，如湖南省图书馆和京师图书馆等。同时，学校图书馆、专门图书馆等也纷纷建立和开放，成为普及社会教育的重要场所。

图书馆基于藏书知识的广泛性和资源利用的公共性，在教育对象和教育内容上都更为广泛，优于其他教育设施。图书馆育人，一方面，在于采编丰富的文献资源；另一方面，在于提供高质量的阅读学习指导。当前时代，网络改变了人们的工作、学习和思维方式，教育正在从传统的阶段性教育向终身教育转变，而图书馆承担着社会教育的义务，是社会化、大众化的终身教育体系的重要部分。在这个发展转变的潮流中，图书馆理应更加主动地参与到教学活动中来。新时代的各类型图书馆在信息资源和用户间扮演的角色越来越重要，高校图书馆变成大学的心脏，成为学习资源中心，公共图书馆也成为区域或社区的信

---

① 凌霄娥：《图书馆文化传承与文化育人的理论及实践》，载《广西民族师范学院学报》2021年第38卷第3期，第30—35页。

息中心。借助信息技术发展和远程教育普及，图书馆逐步突破传统上读者所受的空间限制，更好地满足资源利用的需求，服务学习用户。图书馆丰富的馆藏资源、开放的特性、良好的人文环境、现代化的设施和服务，都成为在实施终身教育中的优势，成为终身学习的理想工具。

（三）学术研究的职能

图书馆有大量的馆藏文献，其中蕴含了丰富的知识和思想，在提供文献利用的同时成为学术研究的沃土。任何学术研究都必须借助于图书馆资料所记载的知识和经验，图书馆的资料搜集整理也是科研活动的前期工作，是科研活动不可分割的一部分。同时，图书馆往往也是学术研究和交流中心。远古图书馆参考工具书和书目的编制，至今仍为人们提供了研究古文字、古文献的第一手资料，如对楔形文字的解读就取决于亚述巴尼拔图书馆遗址中文法书、辞典、参考书及百科全书的发现，为现代人考证和译解各类楔形文字文献提供了工具。

我国古代书院藏书与学术研究密不可分，许多私家或地方设立的书院藏书丰富，其知识量巨大、学术价值颇高，因而成为文人学者研究学问的理想场所，名儒贤哲云集，利用这些宝贵的学术资源从事研究，著书立说，推进了古代文化科研事业发展。

进入近现代，图书馆的学术研究职能，更多体现在高校图书馆。首先，高校图书馆本身是学校文献信息中心，也是为科研服务的学术性机构，学术研究职能是其本身属性。其次，高校作为社会学术研究中心，附属的教师、科研人员与学生均也具备相当的学术水平和知识技能储备，这些群体是高校图书馆重点服务对象，他们对文献的要求是全面、系统、专深、针对性强、前沿化的，这也对图书馆馆藏和服务质量提出较高要求。为此，高校图书馆有责任和义务对文献资源进行深层开放利用，挖掘学术价值，同时开展相应的服务助力学校科研发展，诸如以专题和跟踪服务来加工研究相关文献，承担高校各种课题研究的文献保障等，正是其学术研究职能的内涵。

（四）阅读推广的职能

"阅读是满足人们强烈文化生活需求的重要途径"①，是图书馆的永恒主题和传统所在。图书馆掌握读者的阅读动机和阅读兴趣，有利于对阅读过程中的阅读需求分别采取支持满足、启发引导和控制劝阻的不同措施，使读者的阅读行为能达到预期的目的并向正确的方向发展。大众读者来自各行业、各阶层。在促进大众阅读的过程中，图书馆历来是一

---

①贾颖：《关于图书馆阅读推广困境与对策的分析》，载《内蒙古科技与经济》2022年第6期，第156-157页。

种重要的力量。从19世纪英美公共图书馆诞生伊始,就形成了一种传统,即推动大众阅读。在这种理念的支配下,当时的公共图书馆自认为有责任把好书提供给读者,甚至影响读者的阅读趣味。随着关注、尊重大众阅读需求的理念逐渐占了上风,休闲性阅读的正当性逐渐得到确认。同时,图书馆也认识到休闲性阅读对于培养人们的阅读兴趣、知识扫盲等方面具有不可替代的作用,进而转变为对此持肯定、支持与保护的立场,极大地推动了民众阅读的普及和推广。

我国古代的阅读史,是以"仕"为目的的阅读史,阅读内容多以儒家经典为主导,读书更多是贵族专利,成为封建统治的工具,老百姓很难接触到更深层次的东西。随着社会文化的开展,纸质书的出现,民间开始有私人的藏书阁和藏书室,老百姓也可以读书,阅读开始平民化。科举制度的形成又给了普通民众一条改变命运的晋升渠道。因此,在知识大普及以前藏书阅读主要承担的是价值意义。

进入近代,我国众多图书馆纷纷以开启民智为契机而创建,其阅读推广的社会功能愈加受到重视。民国时期,越来越多的图书馆开始提供外借服务,完善了预约借阅制度,还创生出了邮寄借书、代办借书、送书上门等特色服务,免费借阅的理念也逐步盛行。这一时期,出现了许多服务民众的阅读推广形式,如通俗图书馆、民众图书馆、公众图书馆、巡回文库等。这些形式多样的图书馆,倾向于为底层民众服务,推广通俗教育,具有简易性、流动性、灵活性,是当时提高图书利用率,使图书贴近最广大民众的最好办法。我国近代图书馆为促进阅读推广所做的种种努力,至今仍有许多值得借鉴之处。

现代阅读推广,以提高国民文化素质、提升国家文化软实力、加快民族富强和民族振兴的进程为战略目标,培养民众的阅读兴趣、阅读习惯,从而提高民众的阅读质量、阅读能力、阅读效果。图书馆集聚着海量的阅读资源、舒适的阅读环境,是知识集散和学习阵地,也是开展全民阅读的最佳场所,其阅读推广职能为大众提供了阅读的资源和平台,在深化全民阅读、推进文化建设中功不可没。

(五)情报咨询的职能

情报咨询是图书馆面向用户的重要业务,也是其主要社会职能之一。随着科学技术发展、信息化时代到来,更多的现代技术在图书馆中被应用,彻底改变了图书馆的馆藏结构、工作方式和服务内容。图书馆对社会的开放力度不断加大,与社会融合的程度不断加强,借助数字和网络技术,在服务领域不断实现拓展和升级。

图书馆情报咨询服务起源于19世纪下半叶的美国。美国图书馆协会认识到,图书馆应对有情报资料获取需求的用户给予专门帮助。此后情报咨询服务理论逐渐被图书馆界接受和应用。20世纪初多数大型图书馆成立了参考咨询部门并逐步成为图书馆服务中的一项重要内容。随着文献信息的激增和用户需求的增长，咨询服务内容从早期的指导利用图书馆、利用书目解答问题等，逐渐发展到对文献信息的分析、评价和情报再组织。到 20 世纪 40 年代，又进一步开展了包括回答事实性咨询编制书目、文摘，进行专题文献检索，提供文献代译和综述等服务项目。20 世纪 80 年代末，随着信息技术的飞速发展，电子通信技术使图书馆情报咨询迎来了新的机遇和挑战。图书馆信息化自动化和文献载体的多样化，使咨询服务逐步深化，转化为以网络信息为中心的情报服务。网络时代的到来还加速了图书馆社会藏书与服务体系的发展，图书馆网络与社会大系统紧密融合，促进资源共建共享的同时，也提升了情报咨询服务的效率和实用性，使其社会化应用的实践意义进一步凸显。

我国图书馆咨询服务始于近代，民国时期图书馆在提供阅览外，也开始为读者提供口头咨询和书面咨询，为读者答疑解惑。第一个正式设立专门部门并开展相关工作的是清华大学图书馆，随后国内其他大学图书馆也纷纷效仿。与此同时，公共图书馆也开展了参考咨询服务，功能维度日益丰富完善。

中华人民共和国成立后，图书馆咨询业务进一步发展，各图书馆相继设立了比较专职的参考咨询机构，称呼也不尽相同，如参考组、研究组、研究部、参考资料室、参考阅览科等，对用户咨询的解答也愈加专业化，并编制各种专题书目。在政策上，国家出台了一系列有关图书馆的工作条例，从制度上保障了图书馆各项业务的有序开展，咨询工作全面展开，进入迅速发展阶段。与此同时，图书馆相互交流与合作，开展了定题、跟踪、对题取书等多种服务，图书情报会议也相继举办。20 世纪 80 年代后，在新技术浪潮推动下，情报咨询工作开始走上网络化、信息化发展道路，图书馆情报信息中心的地位也越发突出，服务内容在对网络资源整序和导航的信息处理外，还发展出深层次的科技开发、科学管理等任务。同时，读者需求范围扩大，新的情报咨询服务方式也逐渐增多，这些都使情报咨询工作向更广、更深的方向推进。

总之，承担起新时代的历史使命，是图书馆应有的责任。图书馆职能的演进，是社会的需要，也是历史的必然。图书馆发展至今，已成为兼具保存文化资源、普及文化知识、加强社会教育、推进学术发展、传递科技情报等多种功能的服务机构。图书馆是社会整体的一部分，融合于社会大环境中发挥自身作用，这就要求图书馆必须紧随时代，面向社会发展趋势，满足不断变化的需求，提供与之相应的服务形式和质量。这也是图书馆事业兴旺发展的内在要求。

第二节　公共文化服务体系中图书馆的重要性

一、公共文化服务体系中图书馆的发展地位

公共图书馆作为各级机关、社区组织建设或带头资助的公共文化服务场地，以文化资源与公共服务的形式，为公众提供人格公平、机会平等的知识、信息资源的获取权利。由于公共图书馆是由政府部门牵头主建，其发展理念也是将公民文化权益作为第一要义。基于此，公共图书馆内的资源与服务免费向公众开放，真正实现了公众文化服务提供过程中的无障碍与享受过程的零门槛，从而为图书馆的公共文化服务建设提供强大的政策支持。

此外，公共图书馆建设为实现资源共享搭建了有效的发展平台，为公共文化服务的发展拓展了公众参与的空间，促使公共文化服务建设有效发挥核心职能，使得图书馆在公共文化服务体系发展中的比例逐渐增大，进而奠定其在公共文化体系建设中的强大发展基础。

二、公共文化服务体系中图书馆的现实意义

（一）图书馆可以提升文化知识的传播速度

公共图书馆作为信息资源交流与文化资源储备的枢纽，拓展了公众与社会公共文化资源沟通的渠道，提升了公共文化服务体系中知识传播速度。

第一，图书馆作为公共文化服务活动场所，增加了公众免费学习历史、接触文化知识的机会，也积极营造了鼓励公众获取知识滋养的学习氛围，使得公众可以在书香氛围中自觉地投入到阅读活动中，加深自身对文化知识重要性的认识。

第二，公共图书馆发展兼具包容性与开放性。其对于入馆者进行无门槛设置管理，积极引导每个公民参与公共文化建设的全民阅读活动中，使得公民养成活到老、学到老的终身学习意识。

第三，图书馆的便捷现代文化服务，传播了公共文化服务建设需要全民参与的理念，增加了公众在文化知识方面的需求，进而推动社会进入全民学习时代。

（二）图书馆可以加强公共文化服务建设

作为文化传播机构，公共图书馆摒弃了经营的盈利性，以公民的纳税为资金支持，以公众的文化需求反馈为创建目的，成为公民获取文化教育知识的场所。

公共文化服务建设是一项长久的建设发展项目，旨在提高公众的文化素养，图书馆提供的阅读服务，是公民力所能及参与的发展建设活动。因此，公共图书馆在为公众提供文化服务的同时，要站在维护公民文化权益的发展角度上，积极落实加强建设基础文化的发展目标，激发出图书馆在公共文化服务体系建设中的更大发展潜力。另外，通过公共图书馆建设可以提高社会范围内的精神文明建设力度，提升公众的物质与精神文明追求与文化素养，不断提升公共文化建设的创新度。

（三）图书馆可以丰富公众的精神文化建设

公共图书馆作为公共场所，可以为公众创建缓解压力、放松心情、陶冶情操的文化知识环境，增加人们精神生活世界的积极色彩。如今的公共图书馆不仅为公众提供简单的阅读服务，也创新开展各种文化建设活动。

图书馆通过设定科学的书籍管理编目，收集、整理各类国内外优秀文学作品与历史文献资料，从而实现对书籍文化的有效保护与充分利用。与此同时，不但能增加公众对国内外文化了解的机会与接触的平台，也能使公众可以通过阅读中外书籍，开阔文化与精神视野。从而，更好地体验到文化建设对于公众生活与工作的良好引导作用。

第三节　图书馆参与公共文化服务的创新策略

一、树立图书馆公共文化服务的创新服务理念

（一）以用户为本

以人为本是图书馆各种经营服务产生的基本理念，未来发展中，图书馆要结合内外部环境及自身现状，重新塑造用户为本的服务思想，变传统的"以书为本"理念为"以人为本"，按照用户需求开展各项服务创新工作。

图书馆服务创新要明确服务对象的基本特征，通过分析到馆读者的实际年龄、职业及学历等相关信息，整合馆内的各种藏书资源及主题活动。图书馆服务对象对新鲜事物的接受度较高，图书馆在强调服务质量的同时要注重服务质量的提升，关注服务的创造性。即图书馆要结合服务对象的需求优化设计服务，由于不同群体的需求不同，图书馆要结合青年群体及学生的需求，创新新媒体终端资源的应用模式，并按照老年人的特殊需求，创新传统的借阅服务形式，尝试借助"导读人"服务模式深化对老年人的服务。

从服务内容上看,图书馆服务创新要通过提高公共文化服务的质量及方式,创新服务的内容。图书馆可以通过实地调研、问卷调查、全民性访谈等方式了解读者的实际需求,图书管理者要从思想的战略性及行动的实践性出发创新图书馆公共文化服务的内容。图书馆要坚持以人为本的基本理念,通过不断研究和实践,将满足区域实际情况及居民文化需求的公共文化服务变成现实。

总之,图书馆要将服务流程合理化、服务高效化。要从读者信息获取的可参考性、环境工程改善、运行成本的控制、资源可持续利用等方面出发继续深化管理结构,借助信息技术手段创新服务流程,提高读者的满意度。

(二)便利化

图书馆要从"以人为本"的服务理念出发,逐步提高公共文化服务的便利性,从读者的角度出发分析图书馆运作中存在的各种问题,强化对内部工作人员的业务培训与指导,延伸创新服务工作。图书馆要加强电子设备维护与维修,实现图书馆硬件设备及服务的便利化,如可以通过加强 24 小时自助图书馆的管理与维护,满足闭馆期间部分读者的需求,实现图书馆服务在时间维度上的延伸。

(三)特色化与个性化

图书馆要结合特定读者创新服务的经验,进一步完善特色化的服务,结合图书馆现有资源的特点、政府发布的信息资源、法律文献、特色数据库等,从专题讲座、展览等方面出发,进一步深化图书馆自身的文化深度,进一步提高服务的质量。要进一步地完善特殊人群的个性化订制服务,孕妇、婴幼儿群体可以设置独立的母婴室,针对残障人士更新相对应的阅读设备和安全防范措施,设置醒目标志引导读者、规范学习讨论室的使用制度等,进一步优化并完善图书馆作为文化教育中心的基本社会职能。

二、构建图书馆公共文化服务的创新服务模式

(一)完善图书馆公共文化服务体系

第一,发展政策法规体系。服务型政府建设和政府职能转变都要求政府部门具有宏观调控意识,创新图书馆公共文化需要政府主导并加强宣传,做好相关政策的全面普及与落实。各级政府部门要结合区域现状,有针对性地制定各种行政法规,为图书馆有序、规范化开展服务模式创新工作提供政策法规方面的保障。

第二,公共文化服务体制的建设和图书馆公共文化服务体制创新,要求我们必须构建

公共文化建设的参与机制，其关键任务是加强文化资源的整合，全面建设和发展相对成熟的公共文化地区。各类图书馆应根据自身特点提供服务。随着越来越多的高校图书馆向社会开放，区域内的公共文化服务供给模式变得更为便捷。

第三，在政府主导的公共财政背景下，要加大对图书馆公共文化服务创新建设的投入，保障各级图书馆有足够的经费支撑其文化建设工作。政府部门要进一步创新投入方式，加大投入的同时也要优化投资方式，探索有效的融资方式，通过政府贴息贷款等金融形势提高投入的利用率。

政府部门应积极鼓励企事业单位和政府组织参与到公共文化建设之中，为创新型的文化企业或机构开辟更多参与途径，从而促进公共文化财政投入方式的发展。同时，图书馆必须有独立的专项经费，并按照公共工程、公共文化建设和发展专项经费拨款的原则，为购买文化产品和服务提供经费保障。

（二）打造一体化的运营模式

坚持公众均等享受公共文化服务，是当前图书馆公共文化服务体系建设的基本原则。当前所有工作的出发点和长期发展的重点，都是满足不同读者的个性化需求，尊重并关怀读者，按照不同读者的需求提供服务，对特殊群体要提供更为便捷的服务。

在以客户需求为本的要求下，图书馆公共文化服务创新要努力创造新的公共文化服务需求和服务资源相互促进的发展模式，充分掌握用户的实际需求，以满足用户多样化、个性化的需求，实现图书馆信息资源和人力资源的有效协调，不断创新服务模式，并充分发挥服务体系建设的作用，从而对公共文化、图书馆、社会产生影响。

图书馆窗口业务需要不断与用户接触，而图书馆公共文化服务的质量监督与管理，直接影响用户的体验感与满意度。图书馆可以通过安装电子评价设备，在业务大厅设置专门的现实屏幕，为用户评价工作人员的服务态度及服务质量奠定基础，进而创造外部压力，端正图书馆大厅服务人员的工作态度，实现有效的督促与监督作用，实现提高服务质量的目的。公共图书馆作为政府部门的窗口单位，其服务的质量直接影响服务型政府形象的建设，因此图书馆运行与管理要强化并完善监督评价机制。

图书馆公共文化服务监督机制的创新应从完善公共文化服务质量评价指标、加强舆论调查和从相关群体公共文化服务、评价指标优化、公共文化服务绩效评价等方面入手，通过绩效评价反馈出服务存在的问题与不足，进一步提高服务的质量与水平。图书馆公共文化服务体系建设要构建完善的公共文化服务综合评价指标体系，在优化内部服务质量与强化外部监督的基础上，重点提高服务的质量，引导群众参与监督。

政府部门要统一认识并强化引导，引导各个服务单位及窗口积极改变发展模式，及时完成公共服务体系建设相关工作。图书馆首先要构建完善的引导机制，为读者提供自动化、智能化的检索途径，提升数字化服务设施、服务环境及服务规范等相关内容，如在馆内设置开放式的布局。要加强服务人员培训，提高图书馆员对特殊群体的引导作用，建立多层次的信息咨询渠道，优化指引信息标牌，为读者提供各种纸笔等抄写工具，提高图书馆服务读者的能力，创造良好的服务环境。为广大读者提供平等的文化信息服务。图书馆要从资源、需求及服务三个方面出发，改变并创新运营模式，创新服务宗旨及行为准则。

（三）打造智慧图书馆服务模式

建立完善的资源体系是各级图书馆实现低投入、高回报目标的最优方案。图书馆创新模式应当将共建共享作为基础，这是各级图书馆完善自身资源体系的重要保障。图书馆要积极与国家图书馆、国家级信息工程及国科图文中心等机构合作，基于完善的信息资源体系，融合各区域及行业，优化服务板块，为区域图书馆的战略升级奠定基础。

构建完善的资源体系是图书馆整合全球资源，提高平台的开放度与公众参与度的重要保障，资源共享机制的建设还可以进一步降低图书馆的采购成本，为图书馆公共文化产品创新监督机制建设奠定基础。

图书馆要积极构建智慧服务平台，在复合图书馆及数字图书馆的基础上创新运营模式。

三、提升图书馆公共文化服务的创新服务管理

图书馆公共文化教育服务质量管理是通过内部的服务进行创新与整合，将图书馆运营有利于外部用户和社会，从而提升图书馆整体经营效益的过程。图书馆内部发展战略决策到运行机制管理，为各项技术创新教育服务社会工作的开展奠定了基础。一般图书馆公共文化创新服务管理可以从如下角度出发：

（一）构建内部沟通与交流机制

建立有针对性的沟通和交流平台，图书信息咨询部要把创新服务活动和信息分类作为重点，而负责创新项目的部门要定期开展内部沟通，充分整合利用各类资源开展具体的主题活动，通过各部门的创新协作，构建内部沟通咨询机制，层层递进，不断提高图书馆的整体运行效率。

图书馆要充分整合各类服务创新项目，图书馆管理人员要具备全面的大局意识与高瞻的战略思想，针对图书馆服务创新工作的总体运行情况优化教学设计，明确图书馆的服务创新教育工作属于一个有机联动的整体，保证各项工作的协调运作，提高自身的服务质量与水平。

（二）着重创新服务社会参与机制

社会力量参与图书馆公共文化服务的供给是一种有效的补充。社会参与机制在图书馆公共文化服务创新机制的建设中应该被着重指出，企业应明确自身在社会文化事业建设中的重要性和责任感，对标国际先进经验，积极参与公共文化事业建设。同时进行相关部门要对社会参与项目加强财务管理，建立文化创新服务问题沟通机制，拓展社会参与过程中的创新服务，并结合图书馆培育文化自信的职能，以本地旅游事业、区域文化平台等为载体，探索区域文化特色。

（三）强化外部宣传

社会公众对公共文化服务的关注度较高，图书馆公共文化服务创新要注重外部关系的宣传与维护，改变社会公众对图书馆的刻板印象，创新对外宣传的力度与方式。

就宣传的形式而言，图书馆要借助各种网站、微信及微博等媒体进行相关主题活动的宣传，并基于品牌建设的思想，打造系列化的宣传模式。就宣传的内容而言，图书馆要进一步强化图书馆品牌项目核心价值的挖掘，改变图书馆基本信息传播的模式，拓展创新服务工作的内容，通过整理并分类归纳各种主题活动，提高社会公众对图书馆创新服务项目的认可度。

四、打造图书馆公共文化服务的完善人力资源体系

在公共文化服务体系建设中，创新人才在创新主体中发挥着重要作用。一定数量的创新型人才是图书馆公共文化创新所必需的，因为图书馆创新的持续动力源是一支完善的人才队伍体系。因此，图书馆要打造科学的人力资源管理体系，为公共文化服务创新奠定基础。

（一）建立复合型创新人才队伍

随着社会对图书馆的信息提供、知识提供及馆员综合素质等的要求进一步提高，图书馆要积极构建知识型、复合型人才队伍体系，积极弥补其在公共文化服务创新工作中的不足。

图书馆要坚持以人为本的管理理念，提高图书馆员的地位，激发馆员工作的积极性与主动性，提高馆员的综合素质。图书馆要结合馆内人员的基本知识结构及服务水平进行岗位设置，加强馆员综合素质考核，为图书馆各项创新服务工作的开展提供保障。图书馆要强化非本专业馆员的基础理论学习与培训，鼓励馆员将理论与实践结合，为图书馆公共文化服务工作创新贡献自己的力量。图书馆要在人才引进方面着手，积极招聘和吸收知识型、复合型人才，为现代公共文化服务创新提供优质人员保障。

（二）构建完善人员激励机制

图书馆要构建完善的激励机制，从而更好地调动图书馆员的工作积极性，综合从内外部多角度出发，完善人员激励机制。

就内部激励而言，图书馆要结合人员的考核情况设置福利与奖金，以物质激励与精神激励相结合的方式，调动人员工作的积极性。内在激励包含创新服务团队建设、绩效考评优化、人员晋升与教育培训激励；外在激励可以提高馆员对工作的自豪感与满足感。图书馆要从多个角度出发评价馆员在创新服务工作中的贡献，提高优秀馆员的满足感，为其创造良好的发展空间。

（三）加强人员的教育培训

各项教育活动是图书馆提高内部人员综合素质的基础，图书馆要通过公益讲座、论文竞赛等方式，创新人员培训形式，可以组织馆员参观其他馆的创新服务工作，鼓励馆员积极参与各项培训活动、服务创新活动以及交流学习活动，鼓励全体馆员积极进步。

就培训内容而言，图书馆内部教育培训活动要结合公共文化服务创新的实践活动进行设计，最大限度地提高图书馆的创新服务质量与水平。图书馆要实施馆员轮岗制度，明确分工，指导馆员积极学习新的知识与技能，提高图书馆服务人员的理论基础与实践操作能力，为图书馆各项服务创新工作的有序开展提供保障。

第四节　智慧图书馆公共文化服务平台建设实践

一、智慧图书馆的相关知识

（一）智慧时代的内涵

随着科技的不断进步，智慧时代也正在悄无声息地到来，智慧时代实质上是指在传统智慧基础上融入高新技术的新时代，除了融入众多高新技术，还囊括人文科学、社会心理、新发展理念等一系列新内容。

新技术、新理念、新思想不断推动社会的发展、技术的进步，智慧时代的到来为人类带来了极大的便利。在深入理解智慧时代的过程中，不仅需要深刻剖析智慧时代的内涵，还需要结合当今社会的实际情况，确立切实可行的发展理念。

第一，确立以人为中心的发展理念，促进人的全面发展。智慧时代的核心是人，人的智慧才是智慧时代的坚实基础，这是任何技术都无法企及的高度，因此注重人的发展理念对于推进智慧时代具有重要意义。

第二，充分发挥技术优势，造福人类。技术只能作为服务人类、帮助人类的工具。在物联网、人工智能普及的新时代，人类不仅需要理论联系实际，还需要在实践中延伸智慧。在万物互联的世界中，不同的物质主体建立起了密切的联系，这也意味着社会的关系网络会变得越来越敏感。

第三，关注并且尽可能满足人们的需求，发挥智慧时代的价值。尊重人性已经成为智慧时代的一大特征，将人对自由的向往变为现实，这不仅存在于管理行业，社会其他领域也如此。在智慧时代中，更重视品质以及用户体验，产品的研发以及服务的改善都要将用户作为出发点，社会服务也会逐步向多元化、专业化、个性化方向迈进，用户的满意度对于技术提升显得尤为重要。

第四，智慧时代不同于其他时代，这是一个自由、平等、发展、创新、文明、和谐的时代，新的社会形态赋予了新的时代内涵。我们可以将智慧时代视为一个有机整体，各行各业之间的界限也会随之被打破，社会各个领域会相互协作、相互促进，最终实现社会范围内的信息覆盖、资源共享。智慧时代也会增添众多创新、智能元素，用户参与、用户满意度均会成为智慧时代的重要衡量指标。传统时代与智慧时代最大的不同就在于，智慧时代冲破了传统时代对人性的束缚，更能满足大众的需求，呈现出一个团结、友爱、和谐、民主的社会景象。

（二）网络图书馆、虚拟图书馆与数字图书馆

20世纪中期计算机的发明，特别是20世纪90年代互联网的产生和发展，人类社会由工业文明发展为信息文明。在图书馆，网络化、信息化的工作模式也逐渐取代传统的工作模式，计算机逐渐被广泛应用，卡片式检索逐渐被计算机检索取代，纸本资源也逐渐被网络数据库和数字文献取代。

网络图书馆、数字图书馆、虚拟图书馆主要是从不同的角度对现代图书馆的认识。这三者的概念和关系，国内外学者没有统一标准的界定。下面简要分析这三者的概念和内涵。[①]

1. 网络图书馆

20世纪90年代以后，图书馆的需求发生了变化。计算机技术和通信技术的发展，催

[①] 和艳会等：《浅谈网络图书馆、数字图书馆、虚拟图书馆的概念》，载《农业图书情报学刊》2006年第18卷第9期，第118-121页。

生了崭新的网络环境。传统的信息收藏被互联互通的信息所替代，网络图书馆就是在这种新型的网络资源合作模式下产生的组织形式。

对于网络图书馆的认识，学术界专家学者的观点较多，主要的观点有以下三点。

（1）网络图书馆是电子图书馆。这种观点认为网络图书馆是虚拟图书馆、电子图书馆、数字图书馆等概念的统称，认为网络图书馆就是利用计算机、网络通信技术对信息加工整理和贮存，并依托网络进行传播的一种信息服务机构。网络图书馆与传统图书馆的区别较大，它侧重于对数字化信息的处理和传播，不同于传统图书馆的工作内容和方式，实现了信息资源的共享，因此，又被称为"无墙图书馆"。

（2）网络图书馆是图书馆的计算机管理系统。该观点认为网络图书馆是由图书馆开发的一套为实现信息资源共享和能够传播的网络化管理系统。它改变了图书馆的管理和服务模式，并拓展了图书馆的功能。在网络图书馆，能够实现网络采购、在线借阅、馆际互借和参考咨询等服务内容。

（3）网络图书馆就是图书馆联盟。该观点认为网络图书馆的本质就是图书馆联盟，网络图书馆最终目的是实现信息资源共享。网络图书馆是在互惠互利的基础上建立起来的图书馆联盟，图书馆联盟是受共同签署的协议和合同制约的图书馆联合体。

网络图书馆是指一定区域或范围内多所图书馆以现代信息技术为基础共同合作组建的图书馆，用户可以异地获取图书馆馆藏资源与服务信息资源的网络系统。

2. 虚拟图书馆

虚拟图书馆中"虚拟"是指通过计算机来虚拟现实世界中的客观事物和环境。因此，虚拟图书馆也就是图书馆在网络中的镜像。通过网络实现了跨地区图书馆的联系，依托本馆和其他图书馆的虚拟馆藏资源为用户提供服务。例如，清华大学虚拟图书馆是为了方便广大教师、学生及其他有兴趣的研究人员进行科学研究而设立的一个网络信息资源库。通过虚拟图书馆，人们可以十分便捷地了解国际学术动态。虚拟图书馆主要进行主题词索引，主题词是按照其笔画多少的顺序进行排列的。根据清华大学的专业分类，我们可以方便而迅速地查阅许多专业方向的重要信息。为了满足各种不同的需要，清华大学虚拟图书馆提供了三种帮助服务。通常，有用的地址子部分收集了许多有关高等院校、电子出版物、学术机构以及会议通知等综合信息。在这里，人们可以找到暂时未被资源库搜集整理的信息。如果人们仍然没有找到所需要的信息，请轻击一下特殊搜寻服务子部分。这部分提供了四种特殊的搜寻：机构搜寻、人员搜寻、电子出版物搜寻和计算机软件搜寻。

3. 数字图书馆

数字图书馆定义为两类：①从技术和数字存储空间的角度进行定义，认为数字图书馆是一个数字化的信息资料库，为国家基础设施提供信息管理技术，数字化的仓储空间；②将"图书馆"作为重心，认为数字图书馆是运用信息技术对数字信息资源进行采集、整理和储存，提供给网络用户，为社会政治经济文化服务的机构的组合。现在人们比较认同第二类观点，数字图书馆实质上是一种多媒体制作的信息分布系统。

数字图书馆的范围很广，它不仅是互联网上的图书馆主页，而且是数字化资源的集合。随着信息技术的发展，中国数字图书馆建设发展迅速，中国政府出台了一系列提升服务体系和能力的政策，其中也包括数字图书馆的建设。"互联网+"、大数据、智慧城市国家战略的实施，为数字图书馆的发展提供了发展空间。

数字图书馆面临着多方面的挑战。既有来自技术的挑战，也有来自外部其他机构的挑战。目前学术数字资源建设商发展迅速，中国知网服务平台、万方数据知识服务平台、维普期刊服务平台搭建了丰富的学术资源平台、超星图书馆，主要为用户提供数字化图书资源，该数字图书馆拥有文学、经济等大类数百万册电子图书，已经达到一个大型图书馆藏书规模，拥有数百万篇学术论文、接近 20 万集的学术视频，对我国传统数字图书馆形成很大的冲击。此外，搜索引擎也设置了学术搜索，并开始涉足学术出版领域，这些对数字图书馆都产生了一定的影响。

技术方面，大数据技术、RFID 技术①、跨平台检索技术等现代化信息技术的应用，都对数字图书馆造成了冲击，人们不再满足于传统的信息获取模式，个性化的、智能化的信息服务被人们接受和使用。信息技术的发展对数字图书馆带来挑战的同时，也给它带来了发展机遇，数字图书馆的结构和服务模式也发生了变革，这为智慧图书馆的发展提供了基础和前提。

(三) 智慧图书馆的界定

互联网时代的万物互联，让公共图书馆迈进了智慧化时代。读者与图书馆之间、图书馆与藏书之间、藏书与读者之间、读者与馆员之间的角色不断变化，产生了更加广泛的交融。构建智慧图书馆，就是以物联网为基础，以协同共享立体互联为技术支撑，以智能化物件为载体，使公共图书馆服务智慧化。

智慧图书馆是利用信息技术改变用户和图书馆信息资源交流的方式，提高两者间的交互性和明确性，实现图书馆智慧化管理和服务的模式。智慧图书馆是通过物联网实现用户和图书馆信息资源的沟通往来，这个过程中不需要人工干预。

---

①RFID（射频识别）是 Radio Frequency Identification 的缩写。其原理为阅读器与标签之间进行非接触式的数据通信，达到识别目标的目的。RFID 的应用非常广泛，目前典型应用有动物晶片、汽车晶片防盗器、门禁管制、停车场管制、生产线自动化、物料管理。

智慧图书馆是信息技术与经济科技飞速发展的时代产物，是一种与时俱进，不断更新和完善的新的图书馆管理模式。智慧图书馆首先要求管理者和管理员要明确智慧图书馆的理念。不仅对于工作人员的思想有较高的时代要求，员工还必须具备基本的多媒体信息技术知识。真正把"以人为本"作为图书馆的发展理念，充分合理利用网络资源，构建智慧平台，全方位了解读者的需求，并不断地做出调整。图书馆须定期考核员工的专业素养，一方面，为了保证图书馆的服务质量；另一方面，也能在一定程度上促进员工的自我进步。智慧图书馆实际意义上是在智能平台的基础上，实行一种趋近于自主的管理模式，给读者打造更具时代感、更沉浸的阅读环境。同时这种智慧图书馆对于图书的精细化管理起着十分积极的促进作用，书籍的储存、记录、查询等功能会在智慧图书馆的加持下变得极为便捷。同时智慧平台能够更贴近读者的生活，了解到读者的真实意愿，这对于图书馆不断完善自身起着至关重要的作用。合理利用智慧图书馆，能够有效地贯彻落实图书馆的可持续发展战略。

智慧图书馆的建设基础就是新信息技术。智慧图书馆就是利用新信息技术（包括物联网、云计算、大数据、5G 等）实现馆与书、书与人、人与馆之间互融互通、相互感知、相互呼应的新形态图书馆。

（四）智慧图书馆的功能、特征与构成要素

1. 智慧图书馆的功能

智慧图书馆的功能，是与智慧图书馆的定义和特点密不可分的。智慧图书馆的功能，主要分为两方面：①图书馆管理的功能，智慧图书馆能提供一种全新的智慧化的管理模式，主要包括对人、资产和设施设备的智慧化管理；②图书馆的服务功能，智慧图书馆的服务模式是智能化、泛在化和个性化的。

（1）管理功能。智慧图书馆是伴随着物联网的产生而逐步发展起来的，主要借助物联网技术实现智慧管理。智慧管理分对文献资源的管理和资产的管理等方面。RFID[①] 智能设备在智慧图书馆中的广泛应用，比如自助借还设备、检测通道设备、电子标签读取设备等，减少了人工操作的误差，提高了工作人员的效率，方便了图书馆的管理和读者的借阅。

第一，对人的智慧化管理。对人的智慧管理包括对图书馆工作人员和对读者的管理，通过系统录入个人信息，实现一卡通用，通过对卡片数据的信息识别，为读者与图书馆之间架设一座信息沟通的桥梁，以提供更好的管理和服务。

---

①无线射频识别，即射频识别技术（Radio Frequency Identification，RFID），是自动识别技术的一种，通过无线射频方式进行非接触双向数据通信，利用无线射频方式对记录媒体（电子标签或射频卡）进行读写，从而达到识别目标和数据交换的目的。

第二，对图书馆资产的智慧化管理。包括对馆藏图书的管理和对图书馆设备、设施的智慧化管理。对馆藏图书的智慧管理主要依靠植入芯片技术和 RFID 来实现。植入芯片可以节省图书的信息编辑工作，方便清点图书和查找图书，把乱架、错架的图书顺利归位，减少失误，提高效率。图书馆资源主要分为纸质和非纸质两种资源，作为馆藏的纸质书籍，每本书都有 RFID 电子标签，都有相应的位置信息，当我们打开手机端或电脑端进行检索查询书目时，就会显示这本书在馆藏的具体位置，以及馆藏的借阅情况。图书馆内的电子资源，用户可以在任意时间、任何地方随时查询，实现了馆藏资源的无界化。实现对图书馆资产的智能管理。以前图书馆图书丢失经常发生。现在通过门禁处设置电子识别器，依靠管理系统，可以防止图书馆资源的流失。

图书馆资产多、门类杂，管理难度大。如果将图书馆资产都植入芯片，并在门禁处设置电子识别器，依靠管理系统，可以防止图书馆资产的流失，图书馆网络视频监控系统，也可以防止图书馆的固定资产的流失。

第三，设施设备系统的智能化。图书馆的远程管理系统；多功能控制系统；智能广播系统；一卡通系统身份识别系统；智慧图书馆控电系统等。

智慧图书馆的馆舍中，图书馆的设施设备系统是随时检测并进行处理的。比如智慧图书馆控电系统，在智慧的馆舍中，智能的照明系统既能给读者带来舒适的灯光，还能起到节能环保的作用。智能照明系统就好像汽车的智能车灯一样，能够根据光线的强弱，自动调节灯光的亮度以适应人眼睛的舒适阅读。山东省青年干部管理学院阅览室的照明灯安装了声控灯系统，不需要开关，有声音或者人经过时会自动开启，室内没有声音或者无人时，也会自动关闭，体现了节能和服务意识。

（2）智慧服务功能。智慧图书馆的馆藏资源形式发生了变化，服务的模式也发生了变化。我们每个人在登录系统平台时，系统都会记录浏览痕迹和信息，系统会对这些信息进行分析，为每位用户建立一个自己的图书馆，并把每个人的阅读方向记录下来，跟随用户的变化而进行调整，当图书馆馆藏有变化时，它会根据我们的兴趣将我们并不知晓的内容及时推送给我们，形成智慧化的个性服务体系。智慧借还书服务，有别于传统图书借还书服务，需要读者亲自到借阅部门，通过图书管理员进行人工的借书或还书。读者只要在图书馆入口处，就可以实现自助借还图书。

2. 智慧图书馆的特征

智慧图书馆作为未来图书馆的新模式，将成为图书馆创新发展、转型发展和可持续发展的新理念和新实践。智慧图书馆有三大特征。

（1）智慧图书馆的便捷性。智慧图书馆通过互联互通的网络，馆员管理图书馆，用户使用图书馆，给馆员和用户的沟通带来了便捷和高效。

第一，智慧图书馆的无线泛在。智慧图书馆的无线泛在是指城市网络覆盖为图书馆发展提供了良好的设施和信息环境，互联网技术的发展也为智慧图书馆的发展提供了保障。

第二，智慧图书馆一体化的管理与服务。智慧图书馆服务的理念是以用户为中心并为其提供需要的管理和服务。智慧图书馆的一体化管理与服务体现在图书馆通过智慧化的设施为用户提供文献信息资源和阅读环境。用户可以在电脑端、手机移动端便捷地登录并使用，读者拿着手机就可以享受各种信息资源的服务，移动图书馆在国内公共图书馆和高效图书馆已经被广泛使用。

第三，智慧图书馆的个性化程度。进入 21 世纪以来，国内外图书馆的服务理念发生了转变，从被动服务到主动服务，从重视资源建设到服务与建设并重，从程序化服务到个性化、专业化的服务模式。智慧图书馆不仅强调个性化服务，也注重与用户互动，它更趋向于提供智慧化、交互性的个性化服务。

（2）智慧图书馆的互联性。智慧图书馆的技术具有数字化、网络化和智能化的特点，智慧图书馆的互联体现在两个方面：全面感知和立体互联。

第一，智慧图书馆是全面感知的图书馆。对图书馆中人和物的全面感知，也就是说把文献信息和用户、馆员的信息联系起来，实现信息的全覆盖。例如，美国华盛顿州西雅图市图书馆实现了读者服务的实时数据显示，读者通过大屏幕的实时服务数据分类显示对馆内文献资源清楚明了。

第二，智慧图书馆是立体互联的图书馆。立体互联即全面的互联，从大的方面讲，可以是国家、地区之间的互联；从小的方面讲，是图书馆内各种信息的互联，立体式互联使图书馆为用户提供更为优质的服务，解决实际使用的问题和矛盾。

（3）智慧图书馆的高效性。智慧图书馆的高效性不但体现在管理的高效，还体现在服务和资源配置的高效上。

第一，智慧图书馆是高效管理和服务的图书馆。智慧图书馆是指管理者通过科学化的管理，运用信息化技术，提高管理服务、馆员的效率、设备的运行等活动的行为。在时代发展的背景下能够做到及时感知和快速反应，提高图书馆管理的灵敏度和服务的即时性。

第二，智慧图书馆是高效服务的图书馆。智慧图书馆的高效服务，一方面，体现在图书馆对用户需求提供的管理服务上面，运用现代化的信息手段为用户提供信息资源，必要的时候也会为用户提供深层次、更专业的服务，如资源服务、学科服务等；另一方面，体现在图书馆为满足用户个性化的服务需求，形成的一个集群。

3. 智慧图书馆的构成要素

（1）信息技术是关键。智慧图书馆构建的关键，是云计算、物联网、RFID 技术、5G

技术等新信息技术。

第一，云计算。云计算通过对海量数字资源的分析处理，结合大数据技术、云存储技术，将图书馆海量数字资源存储在云端，读者通过大数据分析和云访问，直接迅速、有效地获取准确资源，实现了数字资源的最大、最优共享，为图书馆服务提供了强大助力。

第二，物联网。物联网是智慧图书馆信息技术的根基，也是云计算、大数据计算分析的依托，它通过传感器、RFID 技术等信息识别设备，将各类数字资源、设备、读者、馆员通过互联网连接在一个系统中，实时采集任何需要的信息，实现物、人及网络的互联互通，达到高效低耗、灵活便捷的实时共享数据，提高资源的利用率。

第三，RFID 技术。RFID 技术是智慧图书馆建设的核心技术，其工作原理为在阅读器与标签之间进行非接触式的数据通信，达到识别目标的目的。随着技术更新，RFID 已经不再局限运用在纸质文献上。现在 RFID 技术已经运用到图书馆各类公用设备，将这些设备标签化后，可以将所有资源接入物联网，真正实现馆与书、书与人、人与馆互联。

第四，5G 技术。5G 技术在智慧图书馆建设中，更起到了中间润滑体的作用，它将各类技术更加流畅、更加高效地黏合为一个整体。

此外，其他一些新型智能化设备，如 AR①、机器人等新型设备在建设智慧图书馆中也起到了独特作用。

（2）数字资源是基础。智慧图书馆服务的核心在于用户的需求，尤其是对数字资源的需求、对数字资源的建设整合，相较传统图书馆更具重大意义。数字资源，就是将纸质书籍、文献通过技术手段，转化为数字形态的资源。

图书馆可以根据读者反馈的需求，有选择性地将重点优质书籍，在充分保障知识产权的前提下，运用技术手段编辑整理为数字化资源。对读者有需求、馆藏没有的资源，一方面可以选择购买和合作的方式取得，如通过包库、授权访问、网络共享等方式扩大馆藏数字资源；另一方面，可以通过合作共享，组建数字图书馆区域共享平台、共享联盟等，做到资源共享、共建共享。数字资源还应注重特色馆藏的建设。图书馆可以通过自建、购买服务的方式，将自身有影响力的、有自身特色的形成数字资源，做强做精，形成自身独有的品牌，以避免服务的同质化，提升服务的竞争力，形成特色亮点。

（3）场景应用是目的。智慧图书馆的建设，会颠覆一些传统图书馆的借阅经验，解决一些传统图书馆想解决而无法解决的具体事务，实现图书馆服务的创造性提升。从某种意义上讲，智慧图书馆建设的目的，就是实现这些更迅速、更准确、更愉悦的借阅体验。下

---

①增强现实（Augmented Reality，简称 AR）是一种实时地计算摄影机影像的位置及角度并加上相应图像的技术，是把原本在现实世界的一定时间空间范围内很难体验到的实体信息（视觉信息，声音，味道，触觉等），通过电脑等科学技术，模拟仿真后再叠加，将虚拟的信息应用到真实世界，被人类感官所感知，从而达到超越现实的感官体验。

面举几个智慧场景应用来体会一下新的借阅感受。

第一，智能咨询。传统图书馆提供的咨询主要通过电话、网站、微信、微博等，这些咨询均由咨询人主动向图书馆发问，图书馆回答，完成咨询，而智慧图书馆可以通过大数据分析，将最常见的或者读者最感兴趣的信息主动发送给读者，从而有效提高数字资源利用率，提高服务质量，优化读者体验。

第二，智慧借阅。智慧借阅是通过人脸识别技术，在读者入馆后即与图书馆后台管理控制系统连接并确认读者身份，读者可在允许的范围内自由通行，并享受书籍借阅、资料查询、选取座位等服务，这样既能减少图书馆人力投入，又能节约读者时间。

第三，智慧导航。在传统图书馆，读者想找到目标书籍的准确位置虽然理论上可行，但实际借阅中经常发生目标书籍未在应在位置的情况，最终造成无法查找到目标书籍。而在智慧图书馆中，读者可以根据手机APP或图书馆智能终端查询到目标书籍的准确定位，这样能大大提升读者的借阅愉悦感和成功率。智慧导航还可以订制AR功能，将书籍的视频、音频资料实时呈现给读者，让读者有更为直观的感知。

第四，智慧阅读室。智慧图书馆通过5G技术和应用VR技术①，给读者提供主题阅读室。这个阅读室与图书馆智慧管理系统连接，综合利用5G技术高效快速地为读者提供数字资源的搜索抓取，再利用VR技术在阅读室以虚拟现实的方式呈现给读者，提升读者的阅读体验。

第五，智慧报告厅。智慧图书馆可以5G技术提供高速稳定的网络传输，将传统图书馆开展的学术报告、主题讲堂等大型活动以VR技术形式进行展现，有的甚至可以进一步完善VR渲染，提升互动体验，完善用户的体验。

第六，智慧推送。智慧图书馆可以根据大数据分析，对每个读者历史阅读特点、阅读兴趣和学科背景进行分析，向读者进行精准推送，减少读者选择书籍的时间。

第七，智慧机器人。智慧图书馆可以安置AI机器人，通过实时连接机器人系统与图书馆业务系统，为读者提供咨询、导航服务。此外，AI机器人还可以运用自身预知的功能，进行书籍扫描、信息预判、书籍定位、书籍移动等功能，协助馆员进行书籍盘点、运送、上架，提高工作效率和服务质量。

（五）智慧图书馆的岗位设定分析

智慧图书馆实质上是利用先进的科学技术对图书馆进行智能化、一体化管理。将网络

---

①虚拟现实（Virtual Reality），也称为虚拟技术、虚拟环境，是一种能够创建和体验虚拟世界的计算机仿真技术，其仿真系统能够模拟产生一个三维空间的虚拟世界，提供用户关于视觉等感官的模拟，让用户感觉身历其境，可以即时、没有限制地观察三维空间内的事物。

虚拟技术与图书馆管理完美融合，在提高图书馆管理效率的同时，提升和优化了图书馆的服务水平。智能机器人的普及和应用，极大地缓解了图书馆工作人员的压力，实现了图书馆管理的重大改革。

由此看来，在对智慧图书馆进行岗位设定时，首先应当考虑图书馆的岗位分配以及定位，应当把技术岗位摆在更重要的位置，其他岗位也需要围绕技术岗进行设定。技术服务岗在图书馆管理中也扮演着十分重要的角色，技术服务岗的工作人员主要负责信息数据处理、基础设施建设、咨询讲解等工作。岗位设定应当采取目标量化的方式，实行智慧管理系统，提高图书馆的管理效率以及服务。

1. 依据技术含量设置

图书馆的管理模式应当依据技术含量设定，不仅在管理上必须具有含金量，在深度和广度上都应当有所提升。

自助服务业是智慧图书馆的一大特色，智慧图书馆为用户提供自助查询、自助申请等服务，图书馆还设有以下两种不同层面的服务。

（1）图书馆场馆运行咨询服务岗位。此类岗位设置要求少而精，以总服务台为主，兼顾少量的特殊区域的流动岗位，以指导读者阅读和活动。

（2）流动的咨询服务，涉及跨学科、跨专业的咨询，满足各类阅读群体的需求，不同岗位所需要具备的专业技能各不相同，技术水平要求存在一定差异，因此按照技术含量设定岗位就显得尤为重要。

2. 依据智慧管理流程设置

依据智慧管理流程设定技术岗位，要更加重视服务台的作用，要将其核心环节进行融合，针对不同的岗位设定不同的管理流程，分工协作、提高效率。前端设置一些咨询、服务岗位，后台设置操作、控制岗位，对信息进行深度加工、处理，对接前端工作，实现一体化、智能化的服务平台。部门机构也应当综合管理智慧系统，让综合性的平台更加多元，能够为用户提供个性化的服务。

3. 依据新时代创新服务设置

智慧图书馆必须不断适应新时代图书馆发展的要求。智慧图书馆建设的首要任务是完善创新服务。服务作为图书馆长期稳定发展的关键，所有的工作人员必须具备较强的工作能力、专业水准以及服务意识，不断完善自己的服务，并要遵循以下五大原则：

（1）尽可能满足用户的需求，提高业务能力，将用户体验放在首位。

（2）重在实践，真正意义上提供全方位的用户服务，各尽其责。

（3）不断提升技术水平，严格要求自己，确立高标准的管理制度。

（4）倡导并秉持主动、自愿服务的原则，重视服务效果和服务质量。

（5）积极参与岗前培训，改革运营方法，充分彰显新机制的优势。

4. 依据绩效考核为机制监控运行设置

绩效考核已经成为当代管理体系中一大重要监管机制，这也是现代管理的核心步骤，更是智慧时代背景下管理的重要组成部分。在岗位设定后，为了激发工作人员的工作热情以及积极性，让每个员工实现真正意义上的各尽其责，不仅需要制定不同类型的管理模式，更重要的是合理运行绩效考核机制。

绩效考核的目的是更加准确、高效地获取工作人员的专业水准以及图书馆的管理状况，根据绩效考核结果，对考核期的工作进行总结，及时发现存在的问题并调整管理机制，给予工作上表现突出的人员一定的鼓励，从全方位、多角度对工作进行评估，尽可能完善图书馆的管理秩序。

二、智慧图书馆公共文化服务平台建设

（一）服务技术智能化

进入信息时代，虚拟现实技术发展更为迅速，已被广泛应用于计算机、教育、管理、信息与情报等学科领域。虚拟现实技术是一项综合集成技术，涉及计算机图形学、人机交互技术、传感技术、人工智能等领域，能够为读者提供良好的阅读体验。目前，虚拟现实技术已被广泛应用于图书馆服务管理工作中，既促进了数字资源的共享，也为读者提供了较好的阅读体验。

1. 虚拟现实技术系统的层次

从结构层次看，虚拟现实技术系统主要分为三层：

（1）输入输出设备层，该层的重要辅助设备包括显示器、头部跟踪系统设备和立体耳机等。

（2）虚拟化环境与软件系统层，该层能够具体描述虚拟环境的结构及其动态特征与交互规则。

（3）计算机系统与外部设备层，该层的主要设备包括图形设备与声音合成设备。

广义视角下的 VR 技术主要是运用计算机技术创建三维环境，对真实的或想象的世界进行模拟，以实现三维可视化。用户既能享受模拟环境带来的感官刺激，也能与虚拟世界的物体进行交流，体验身临其境的感觉。

2. 虚拟现实技术

从 VR 技术系统的结构类型看，该系统分为四种类型。

（1）桌面型 VR 技术系统。该系统是以计算机或简易的图形工作站为主要支撑设备，图书馆可利用计算机显示器的一个窗口，为用户体验虚拟世界提供便利。

（2）沉浸式 VR 系统。该系统包括投影仪 VR 系统、远程化 VR 系统和头盔式 VR 系统。与桌面型 VR 技术系统相比，沉浸式 VR 系统的体验交互效果更好，能够为用户提供视觉、听觉、嗅觉、味觉与触觉等多重感官的良好体验，交互虚拟环境也更逼真、生动。

（3）增强版 VR 系统。该系统又名增强现实化 VR 系统，能够将虚拟环境与现实环境相叠加，达到虚实结合、虚中有实、实中有虚、亦真亦幻的效果。

（4）分布式 VR 系统。该系统是将 VR 技术与互联网技术相结合，能够有效连接不同位置、不同区域内的多个用户，在共同的 VR 环境下实现信息的交互与共享。

从虚拟现实技术在智慧图书馆公共文化服务平台建设的应用价值看，该技术能够满足图书馆事业的发展需求。图书馆是保存、传承、传播优秀传统文化的重要场所，其主要业务包括文献收集、整理、收藏和借阅。

信息时代，在文献收集方面，图书馆需要借助信息技术对各种有价值的文献资源进行收集和提取；在文献整理方面，图书馆需要根据文献内容进行分类、编目，做好主题标引；在文献收藏方面，图书馆需要根据馆藏原则，设置不同的书库，按照图书分类法做好图书排列、清点、保护等工作；在文献借阅方面，图书馆需要积极提高数据检索、查询、导读、借阅和归还等服务的质量，满足读者的多元化阅读需求。

传统纸质图书已无法满足广大读者对海量信息资源的阅读需求，因此，图书馆运用 VR 技术建设智慧图书馆公共文化服务平台是优化图书馆服务体系和顺应时代发展趋势的最佳选择。智慧图书馆不仅能保存大量的传统文化资源，对这些资源进行智能化的收藏、整理与保护，还能延伸图书馆的服务功能，满足读者的多元化阅读需求。图书馆基于 VR 技术构建智慧图书馆公共文化服务平台，有助于促进图书馆事业的持续发展，发挥自身的社会教育功能，满足民众的精神文化需求。此外，基于虚拟现实技术的智慧图书馆打破了传统图书馆的管理模式，推动了图书馆间的沟通、交流及合作，实现了资源的优势互补。调查结果显示，目前很多高校图书馆积极建设智慧图书馆，借助 VR 技术实现了互联互通，有效推动了馆藏资源的互补与共享。

（二）服务管理智慧化

智慧图书馆的公共文化服务平台建设，首先考虑服务管理，在智慧化服务管理中提升读者满意度，使读者在便捷、高效的服务中获得阅读体验。

第一，馆设服务科学化。即智慧图书馆拥有先进的硬件设施，如安保监控、光控、水控、温控等，实现人书相连、书书相连。

第二，读者服务个性化。公共文化服务建设中图书馆可为读者制定智慧阅读需求，比如借助于智能手环、大数据来掌握读者信息，了解读者的阅读兴趣和地理位置，便于提供阅读推荐，满足读者阅读需求。

第三，读者需求人性化。图书馆的读者类型不同，有幼儿、学生、白领、工人、老年人等不同工种、不同年龄的群体，为使各类人群得到贴心服务，智慧图书馆还可提供预约座位、幼儿读者区、老年人休闲区、4D放映区、机器人导读等多维度智慧服务，满足各类读者的个性化阅读需求。

第四，自助服务智慧化。智慧图书馆要考虑读者不同时间段的需求和图书馆工作人员的工作特点，建立智慧自助站点，利用网络技术和智能控制技术为读者提供24小时借阅、查询、下载、推送等服务，最大限度为不方便出行的残疾人等特殊群体提供便利条件，使读者享受到智能化的智慧图书服务。

(三) 图书推荐智慧化

智慧图书馆旨在贴合全民阅读需求，全面提供个性化、贴心化服务。信息时代智慧图书馆公共文化服务平台建设要牢牢把握住图书推荐智慧化板块，通过信息技术使图书馆随时随地了解读者阅读需求，充分满足读者的精神需求和教育需求。

第一，畅销图书推荐广泛化。智慧图书馆要为读者提供优质服务，同时也须寻找潜在读者，这就需要图书馆能运用智能技术、大数据等提取微博、QQ、微信、抖音等平台用户发表与图书相关的信息，进而汇总图书信息，定期向潜在用户和图书馆的忠实读者推荐图书馆的畅销书籍和最新图书，以此帮助图书馆留住用户。

第二，个性图书推荐订制化。智慧图书馆可利用地理位置、数据整理、GPS和无线射频等，了解图书馆用户所处地理环境，同时与用户所在地的图书馆实现资源共享，通过检索用户的图书借阅信息，捕捉用户在网络上发表的图书言论，了解用户的图书需求，进而利用短信、微信、微博、抖音等向用户提供个性化图书需求。

(四) 服务设施智慧化

智慧图书馆公共文化服务平台建设中要把握建筑、服务、管理的智慧化、智能化，强化资源供给能力。人们通过智慧图书馆的服务、设施实现智慧化、科技化，有助于为用户提供更便利、更休闲的教育、阅读服务。

图书馆作为人们阅读的重要场所，需要全面满足读者的阅读需求，这需要借助科技为读者打造舒适、安全、便捷、绿色的图书环境。如配备全套的智慧桌椅，其智能桌椅可移动、可折叠等，配备全套的视听空间、有声、阅读场所，提供打印、智能机器人等服务。只有与时俱进满足信息时代读者群的各类阅读需求，及时更新硬件设施和提升软件服务，满足读者的便利化，才能留住读者，贴心化阅读需求。

（五）服务人才智慧化

智慧图书馆中人才是公共文化服务平台建设的主要动力，人才的综合素养决定着智慧图书馆建设的最终成效。智慧图书馆的建设离不开人才保障，在信息时代智慧图书馆公共文化服务平台建设中，最为关键的要素即为服务人才的智慧化。

人员工作素质和能力水平在一定程度上影响了智慧图书馆的综合服务水平，在图书馆的管理和运营等方面都有重要的作用。智慧图书馆的建设和应用，突破了传统图书馆在人才需求等方面的标准和要求，各种新兴信息技术的应用以及创新管理模式的引进，都需要综合素质高且业务能力强的复合型人才来支撑智慧图书馆的运营管理。

加强对图书馆工作人员的职业培训，通过各种方式的培养和激励，提升工作人员的综合能力和个人素质。为工作人员提供良好的交流平台，同时需要为工作人员打造一个良好的发展环境，提升工作人员建设图书馆的积极性。同时学生顾问岗位选拔模式需要创新，通过多元化的竞争模式来选取学生顾问来提升学生顾问岗位的价值，使得该岗位能够为图书馆建设贡献一份力量，同时为学生创造更多的发展平台，积累更多的工作经验，为学生未来的发展奠定良好的基础。

第六章 科技创新推动公共文化服务建设研究

第一节 科技创新与公共文化服务建设的关系

一、科技创新思想的内容与应用

（一）科技创新思想的内容

科技创新思想是以中国科技发展和社会进步的实际需求为依托，从指导科技创新工作中逐渐形成和完善的。对这一思想主要内容的剖析要从五个角度进行。

1. 以人民为中心

科技创新①要以人民为中心，要确保科技创新改革和前进的重点始终是人民幸福和人类福祉。

（1）把满足人民对美好生活的向往作为科技创新的落脚点。加大科技惠及民生力度，始终注重全体人民的利益，认为科技发展就是为了人民，强调科技已经成为促进人民生活质量改善的重要引擎，要求各行各业进行科技创新时一定要从人民出发。

我们要把满足人民对美好生活的向往作为科技创新的落脚点，矢志不渝地坚持科技创新为人类造福的原则，以民生问题为导向，始终要把满足人民的意愿作为第一要务，让科技创新渗透至人民生活的每个角落。

要让科技创新点亮美好生活，就必须主动把科技创新与提升人民生活水平这两个方面进行有机融合。要以人民大众的诉求为前进目标，把发展目标和人民最迫切的需求紧密联系，通过增加公共科技供给、建立完备社会生活保障体系、改善生活基础设施等方式，让科技充分渗透到人民所关心的文化、医疗、教育等方面，从细微之处惠及民生。

---

① 世界经济发展进入 21 世纪以后，科技创新对于发展的推动作用空前强大，在深刻左右国家命运的同时也对人们的生产生活产生了极大影响。

（2）科技创新增进人类福祉。造福人类是科技创新最强大的动力，在发展日新月异的当今世界，只有团结一致、加快科技合作，让科技造福全人类，才能实现科技创新最本真的价值。

中国在大国崛起的道路上、在不断发展自身的同时，要深入参与国际事务，推动构建人类命运共同体，贡献中国方案。我们要与世界各国一起发挥各自优势、团结合作，一起探讨怎样以科技和创新为支点来解决当前面临的世界性问题，共同面对全人类挑战。

2. 创新是第一动力

半导体产业的突破带动了信息产业的迅猛发展，计算机处理数据能力的爆炸性提升使得人们把目光投向了新的领域，科技创新吸引了全世界的目光。在此背景下，从整个国家宏观层面进行了战略部署，提出创新驱动发展战略，旨在以科技创新推动生产力的解放，推动国家发展迈向新的台阶。

（1）科技创新是实现高质量发展的迫切需要。科技创新对国家发展的重要性与日俱增，人们也比过去任何时候都更加渴望科技创新这一发展引擎。我们进入了高质量发展阶段，在这一新阶段，我们要把目光放在质量上，把结构优化放在关键位置，让创新成为经济发展的新引擎。要想实现这些目标，科技创新是不二法门。只有依靠科技创新，让新兴技术与经济社会进行深度交融，不断进行自主创新、培育新业态、发展新动能、推动科学技术改革，才能不断提升发展质量、优化经济结构、推动实现高质量发展，最终促进我国科技创新事业发生根本变革，使我们踏上建设科技强国的新征程。

（2）科技创新是构建新发展格局的必由之路。随着我们国家的经济振兴，人民对生活质量的要求更高、对多种商品的需求日益增多，因此我们要在把握国际市场的基础上，把眼光向国内需求转移。推动"国内大循环"要依靠科技创新，从供给侧出发，不断提高产品功能性和创新性，进一步改进产品质量，努力创造新产品和新服务，从而创造新需求。畅通"国内国际双循环"也离不开科技创新，要不断提高供给稳定性，加强各产业体系互联互通，建设国际物流网，发展智慧交通。因此，提升创新能力、掌握核心技术关系到我国发展全域，是构建"新发展格局"的关键。

"科技自立、科技自强"要把这落实到发展全局中，用科技引领创新、用创新带动发展，取得先发优势，掌握发展主动性。我国有着广阔、多层次的消费市场，这使得我们在发展中抢占了先机，但是只有加快科技创新步伐，才能更好地利用这一优势推动国家发展。

科技创新是推动发展的核心动力。因此，我们要牢牢牵住科技创新这个"领头羊"，争取掌握先发优势，牢牢把握科技主动权，从而引导我国经济稳步发展，为构建"新发展格局"增砖添瓦。

（3）科技创新是推动人类社会发展的重要引擎。创新是国家和民族乃至整个人类社会向前发展中决定性力量。科技创新最强劲的支撑就是推动整个人类社会不断向前发展、造福全人类，这就深刻指明了我们为什么要大力发展科技创新。

随着科技的不断进步，新的思维方式与思想观念也逐渐显现。教育的指引使得人们的思维科学化、系统化，使人们开始有了思辨性思维。人们不再依赖精神冲动，而是通过科学的分析和理性的思考来解决问题，从而使得人类社会不断向前发展。

3. 人才是第一资源

人才是实现民族振兴的关键，发展取决于人才驱动。人才储备的质量与数量是取得国际经济贸易竞争主动地位的重要战略资源。现在，科技革命和产业革命的范围越来越大、变革越来越剧烈，国际经济市场的竞争也越发激烈。我们应坚持"人才是第一资源"，促进人才队伍建设，为建设科技强国提供人才动力。

（1）加强创新人才队伍建设。对于科技创新，人才是最大支撑。在人才队伍的建设方面我们要打造"规模宏大、结构合理、素质优良的创新人才队伍"。加强人才队伍建设，就要制订科学的人才培养计划、培养领军人才、吸引优秀人才。

第一，制订人才培养计划。我们必须树立先进的人才理念，建立科学规范的人才培养计划，分梯次进行人才发掘与培养，使得每个人都能发挥自己最大的潜力，在自己擅长的行业与领域得到全方位的指导，对于各个层次的人才都能有其对应的培养方案。

第二，培养领军人才。我们要高度重视对"高精尖缺"科技领军人才的培养，不光要全面抓，也要重点抓。对于重点领域中有发展潜力的青年人才，要给予更多的培养与关注，充分发挥其科技和创新能力；要支持并鼓励高层次科技人才创新创业，把科技创新转化为实际的经济效益，推进产学研深度结合，打造出一批全球领先的高新科技企业，培养出一批全球顶尖的优秀企业家；根据市场需求，加大对新能源、农业科技、新型材料、航空航天等国家重点领域的创新人才培养，在尊重市场经济规律和人才成长规律的前提下，引导科技创新人才有序顺畅流动。

第三，吸引优秀人才。我们要面向全球招纳有志于推动国家和人类社会发展的优秀人才，丰富人才队伍，构建科技创新人才高地。为来华进行科技创新建设的顶尖人才制定更具吸引力的人才引进政策，提供更加适宜的就业和创业环境，使他们能够充分发挥自身创新能力，为我所用。

（2）注重培养青年科技人才。当今世界各国的竞争，实际上就是在科技、人才、教育上的相互较量。培养优秀科技人才是国家发展和民族振兴的大计，要重视青年科技人才的挖掘和培养。

第一，加强创新创业教育。高等学校是孕育青年创新人才最好的温床，同时也是创新创业人才成长的摇篮。大学时期是青年人才创新思想形成的初始时期，也是关键时期。高校应该把对青年学子的培养放在首位，重视加强对青年学子的创新意识培养、创业教育培训。我们要增强高等学校青年学子与科研机构科技创新人才、企业创新创业人才的双向互动交流，将理论教育与实践教育融合在一起，培养青年学子的创新创业精神。

第二，培养爱国情怀。对于青年科技人才，要十分注重爱国情怀的培养。由此可见，爱国家、爱人民是对每一位青年科技人才的第一要求。只有心怀祖国和人民才能更好地进行科学研究，将自身的能力发挥出来，在新时代新阶段建设伟大祖国的新征程上贡献自己的力量。国家、社会以及党和人民都在呼吁广大青年科技人才把个人理想与民族振兴紧密融合，勇担历史使命，不负青春年华。

第三，广大院士指引方向。广大院士要发挥识才、育才、用才的导师作用，积极主动地承担起引领和培养青年科技创新人才这一重大责任。院士群体不单单是我国科技创新事业的重要源泉，同时也是发现、培养人才宝库的关键力量。这就要求广大院士在完成自己科研任务的同时充分发挥自身优势，对青年学子言传身教，注重保护青年学子的创新想象力和创造力，给青年人留出创新空间，鼓励青年学子大胆创新，为青年科技人才指引前进的方向。

（3）营造良好科技创新环境。只有营造出良好的科技创新环境才能吸引更多优秀的科技创新人才。当今时代，经济快速发展，物资丰富程度远非过去可比，全球各国、各行、各领域都在广泛招募科技人才，只有营造更好的科技创新环境才能够在这场"人才争夺战"中掌控先机、赢得主动权，为以后的科技创新事业发展铺长路、铺好路。

第一，营造良好的社会环境。国家应加大监管力度，重点打击网络上的反智主义和唯金钱论等不良信息，加大宣传力度，让那些在各行各领域中默默奉献的科技人才能为人所知、为人所赞，在全社会建立起崇尚科学而不是崇尚金钱的优良氛围，营造良好的科技创新风气。

第二，营造良好的工作环境。我们要充分保障科研人员的时间，建立适宜的保障机制，来让科研创新人员把主要的精力放在他们擅长的科技工作领域而不受繁杂的其他事务影响。创立健全的人才评价机制和完备先进的人才评价体系，逐步形成符合当今时代发展的人才评价制度，让能者尽其才。团队的力量是不可忽视的，因此，人才的评价不应只注重个人价值的评价，要将个人价值评价与团队价值评价相结合。要完善科技创新奖励制度，使能者有劳、劳者有功，对于在科研领域有重大突破的科技人才给予相匹配的奖励。各级党委政府和领导要深入人民，经常向科研人员征询建议，完善相关政策机制，更好地把握科技创新的政策关。

4. 推进科技体制改革

我们要始终重视科技体制改革，寻求更加优良的体制机制来引导科技创新水平的提高，进一步强调要通过深化科技体制改革释放科技队伍创新潜能。消除制约科技创新的不良体制因素，就要增强企业科技创新主体意识、完善科技成果转化机制。

（1）突出企业科技创新主体地位。在不断推进科技创新助力经济发展过程中，突出企业主体地位，充分调动高校和科研机构的科技创新优势与企业进行深度合作，加快技术成果转化；企业发挥骨干才能，反过来用实践成果推动科技创新水平的提高，实现各行业、各领域全面高质量发展。

第一，政府要扶持企业发展。国家要在宏观层面制定并落实更加完备的相关政策，加大对企业创新的支持力度，引导企业把更多的精力放在产业相关的技术研发上。调整企业技术创新相关的税收政策，对于企业中有成果的科技创新活动要给予相应税收方面的支持，激励企业在维持正常生产活动的同时进行科技创新活动，争取早日在技术上有所突破，将核心科技掌握在手中。积极引导金融机构参与企业的科技创新活动，让企业能够节省成本，进而更积极主动地投入到科研活动中去，实现互惠互利、共同发展。

第二，企业要不断加大科研投入，制订长期稳定的科技创新规划，在基础研究以及高端科技等方面加大资金、人才投入力度，吸引和鼓励优秀人才参与到科技创新的研究中来，让更多的科技人才和创新资源集中到企业里。企业要加快科技成果转化、改革人才管理制度，给科技创新人才创造更好的工作环境，给对企业重大科技创新有突出贡献的人员以奖励，激发科技人才活力。企业还要对国外先进的生产技术和产品发展趋势进行深入了解，发展中高端产能，带动全产业链发展。

第三，要把政府、企业、科研机构等各环节紧密结合，充分发挥各环节自身的优势，保证科技创新事业发展能够行稳致远。把产业发展的需求凝聚在一起，统筹各类科技创新资源，集中力量办大事，把着力点放在突破关键核心技术上，加快科技创新成果转化和产业化程度。

（2）完善科技成果转化机制。我们必须把机遇紧紧握在手中，积极迎接挑战，稳步推进供给侧结构性改革，把完善科技成果转化机制升级成为我国科技发展中的战略性任务，以此实现产业的提质升级和经济的跨越发展。

完善科技创新成果转化机制是我国科技体制改革的重要组成部分，在改革的过程中我们要紧紧抓住重点、难点，最大限度地利用现有资源和优势。科技创新不单单要有理论突破，更重要的是科技成果要与经济效益紧密相连、要符合社会发展的要求、要满足人民的需要。因此，我们要同步进行科技体制改革和经济社会改革，让科技创新动力在经济社会中充分涌流。要持续推动高等学校和科研机构改革，转变体制机制，给予研究人员更多的激励，推动更高水平的科技创新成果产生并进一步应用；探索新型的合作模式，让企业发挥主体作用，让研究院、高等学校提供科研支撑，让政府来提供资金和服务，深入市场进行调研，使成果的产生直接建立在人民需求和市场需要上；加强科技创新的全局性，努力克服科技创新在各个领域、各个行业的分散性，避免科技创新中的"孤岛"现象。

（二）科技创新思想的实践应用

1. 使科技创新惠及民生

（1）科技创新守护生命健康

第一，科技创新面向人民生命健康。我国科技创新发展要进一步面向人民生命健康。得益于互联网应用的普及，我国医疗卫生事业的信息建设稳步推进。在"以人民为中心"思想的指引下，为了能更好地便民惠民，我们国家大力推动"互联网+医疗健康"的发展模式，争取让百姓能走最少的路、办最多的事。从线上预约诊疗到手机即时支付，从转院病情共享到线下自助取药，越来越多的智能化创新让人们的就医越来越便捷，使得病情严重的患者得到更及时的救治以避免病情恶化。

我国在药物创新和重大传染病防治上取得了重大进展，癌症、白血病等重大疾病的治疗手段不断更新，新研发的药物在有着更强药效和更小副作用的同时有着更亲民的价格，高科技医疗器械国产化趋势不断加快，科技改善人民健康水平的能力不断增强。随着科技发展、医疗水平进步，人们的预期寿命显著提高。

第二，科技创新成果惠及世界。随着科技的不断发展，创新的难度也越来越高，所有国家都无力独自承担尖端科技的创新研发，也没有一个国家可以独享创新成果。中国在守护人民生命健康的同时，要充分利用我国自身优势来推动国际的交流与合作，用科技创新来使更多的国家和人民得到帮助。

我们致力于让科技成果惠及世界，如屠呦呦团队经过不断攻坚，成功提取出青蒿素，并把这一医疗科研成果推广到世界各地，拯救了数以百万计的疟疾患者。袁隆平科研团队深深扎根在稻田，在杂交水稻项目上取得重大成就，使得中国人民彻底远离饥饿的威胁，并向全世界共享了科技成果。中国的北斗导航系统已经达到世界先进水平，通过与东盟国家和"一带一路"国家进行技术共享，中国把便捷的服务带给了世界其他人民。中国帮助其他发展中国家发展信息通信产业，支援并建设了多个电信网络等基础设施项目，受到当地国家政府和人民的广泛赞誉，积极推动缩小国际的数字鸿沟。

（2）满足人民对美好生活的向往。科技创新对于民生相关领域的影响越来越大，科技创新的方向往往是追随着人民意愿的方向前进。在科技创新思想的指引下，科技创新不断渗透至人民生活的每个角落，让"中国制造"转向为"中国智造"，提升人民生活质量，引领人们迈向美好未来。

随着我国的经济发展，人们在满足了物质欲望之后开始把目光转向了更为高质量的生活，方便、快捷、健康、环保成为时代的关键词。目前，中国的公共交通事业发展已经处于世界前列。从效率低下的驿站马车到纵横城市地下的地铁网络，从喷着浓烟的绿皮火车到350km/h的和谐号、复兴号，这些变化不仅便利了人们的出行生活，而且向世界展示了中国的创新能力。

在生态上，我们加强水体、大气、土壤等的环保检测，加快碳达峰、碳中和科研攻关，发展生态系统修复技术，加快污染防治科技攻关，为人们实现在蓝天、碧水、白云下生活提供了可靠保证。在医疗上，核磁共振、智能导诊等已实现广泛应用，手术机器人、3D打印器官模型、智能机械手臂等科技创新成果正为保护人民生命健康赋能。在日常生活中，无人快递车、人脸识别技术、自动导航系统、移动支付等科技应用渗透进人们生活的方方面面，全屋智能净水、中央空调、新风系统、智能家居系统等高端科技走进寻常百姓家。

2. 推动创新型国家建设取得新进展

（1）自主创新能力显著增强。我们要实现科技自立自强，只有把科技创新这一关键抓在手中才能更好地发展。这些年，我们把科技创新视作国家发展的主要推动力，不断增加科技创新投入，激发科技创新活力，从国家和人民的现实需求和长远利益着手，在关乎人民健康、民生进步、经济发展等方面进行深度研究，加快基础设施建设，推动产学研深度融合，加快科技创新研究的产业化速度。

在科技创新思想的指导下，我国科技创新企业数量连年攀升，专利储备日益增多，自主创新能力显著提升，在新兴材料、工业制造软件、芯片制造、医疗器械、高产农作物等多个关键领域加速创新、全力突破。

在科技创新思想的引领下，我国对于基础研究的投入不断加大，从根源处做起，掌握创新发展"从0到1"的关键一步，通过实施国家重点研发计划等关键举措，增强对于尖端科技和核心领域的研发力度，自主创新能力显著增强。从我国自主研制的北斗导航系统为全世界服务到"九章"量子计算机实现"量子优越性"；从首颗太阳探测卫星"羲和号"探测太阳奥秘，到我国首辆火星车"祝融号"开始火星之旅；从"嫦娥五号"月壤揭示月球演化奥秘到"天和"核心舱加速航天"三步走"战略实现等。由此看来，我国的自主创新能力显著提高，科技创新成果层出不穷，为推动我国创新型国家建设取得新进展提供了重要支撑。

（2）形成科技创新人才快速发展新态势。近年来，我们深入贯彻在科技创新人才方面的重要思想，科技人才的规模和质量得到充分提升。基于这些思想的深入指导，我国得以形成科技创新人才发展新态势。

我们不断优化科技人才结构，推进体制机制改革，加大对新能源、农业科技、新型材料、航空航天等国家重点领域的创新人才培养，引导科技创新人才有序顺畅流动，培养建设了一批又一批高水平的科技创新队伍。我国努力优化创新环境，加强对基础教育的投入，重视人才队伍建设，对科技人才提供创新激励，吸引高学历、高素质科技人才加入科技创新的队伍中来，科技人才队伍受教育水平大幅提高。

我国高度重视对"高精尖缺"科技领军人才的培养，对于重点领域中有发展潜力的青年创新人才给予了诸多培养、关注和支持，鼓励青年学子勇于创新、大胆创新。在此背景下，一批批科技领军人才和科技创新团队层出不穷，在国内和国际上获得诸多重要奖项。

我国与多个国家进行创新合作、共同开展科技研究，通过"一带一路"科技创新合作计划，面向全球招纳有志于推动国家和人类社会发展的优秀科技人才，吸引了众多青年科学家来华工作，丰富了科技人才队伍。

3. 助推数字中国建设，实现包容发展

（1）推进人工智能创新发展。在统筹国家发展问题上、在制定科技发展策略上始终关注人工智能发展，把这一科技创新的新重点放在心上，多次提到人工智能对数字中国建设的作用不可忽视，为人工智能赋能新时代铺平了道路。

在科技创新思想的指导下，我国不断推进人工智能创新发展，人工智能产业规模不断扩大。我国在全球人工智能产业兴起的潮流中紧紧抓住机会，从人才培养到政策支持，从科研创新到产业转化，每一个环节都稳步推进，不断提高创新能力，因此取得了一系列的重大成果。人机交互、人脸识别、无人驾驶和 AI 机器人等新技术在改善人民生活的同时也提高了国家的综合国力。我国凭借着人工智能的创新发展，在国际人工智能竞争中站稳脚跟，人工智能为我国科技创新事业提供了新动力，助推我国数字中国建设实现包容发展。

目前，人工智能作为极具变革性的新技术，是推动数字经济发展的重要驱动力，正与经济、民生、社会等方方面面进行深度交融，并被应用到农业、工业、医疗等各个领域，对我国实现更高质量发展具有至关重要的作用。在农业领域，人工智能优化了农业生产的各个环节，如智能选种检测可以筛选掉质量较差的种子避免影响农业产量，智能灌溉可以通过对土壤湿度的实时监测来提高灌溉精度和节约用水，等等。在工业方面，智能流水线可以通过对生产出的工业部件进行自动挑选和分配，节约人力的同时大规模提升了效率；

通过云计算和智能分析还可以对设备进行风险预测，预告可能出现的问题，避免在生产过程中发生危险。在医疗方面，人工智能表现出强大的活力，通过对就诊人的体检报告进行智能分析，对于未出现的病症进行预测来制定更为健康的生活模式，同时智能医学影像辅助诊疗系统覆盖了多种常见癌症的筛查，已嵌入医生正常诊疗流程。

人工智能在科技革命中备受关注，世界各国正在聚合资源加快人工智能等新技术的变革与发展。我们要紧跟时代，高度重视这一技术的创新应用，让人工智能成为我国开辟科技创新崭新局面的强大助力。

（2）工业互联网推进数字经济发展。每次工业革命都给人们的生产生活带来重大改变，而工业互联网正是第四次工业革命的基石，因此，要深入发展工业互联网，加快形成以创新为支撑的数字经济。我们必须牢牢把握住这一关键技术，为我国产业数字化提供基础设施支撑，为我国数字经济发展增添活力。

目前，在工业互联网发展的推动下，我国经济社会进步也取得了显著成效，具体表现为以下方面。

第一，带动经济增长，推动就业升级。工业互联网深入各行各业，助力实体经济转型升级，使得传统工业产业不断向数字化发展，由"中国制造"转为"中国智造"。工业互联网产业对 GDP 的贡献逐步提高，逐渐成为国民经济增长的主力军。工业互联网产业转型对复合型人才需求增多，提供了一大批就业岗位。

第二，推动区域产业协同发展。全国各地充分发挥地区优势统筹规划，大力建设工业互联网平台，使各厂区、各系统等都实现互联互通，畅通供应链，加速区域间的产业合作，加速产业升级转型，实现区域经济协调发展。

第三，带动三大产业转型升级。工业互联网应用范围逐渐扩大，带动一、二、三产业增加值不断上涨。因此，我们要在科技创新思想的指导下积极进行探索，加快工业互联网发展，为我国发展数字经济、建设科技强国提供强有力的支撑。

（3）推动 5G 新动能广泛应用。当前，信息产业飞速发展，互联网技术与经济生产的结合越发紧密，数字经济与实体经济一样开始成为世界重要经济形态之一。为了紧跟时代步伐、赢得竞争优势，世界各国的目光都聚集在 5G 发展上，5G 成为数字经济的主要助力。因此，我们要加快 5G 新动能的广泛应用，大力推动 5G 发展。

近年来，在科技创新思想的指导下，我国培育了一大批信息产业人才队伍，建设了一系列基础设施，相关产业的供给能力稳步提升；在全面完成了光纤化改造的同时，成功组建了目前全世界规模最大的光纤和 5G 商用网络；4G 网络基本实现全国覆盖，并以此为基础开展大范围的 5G 产业建设，实现 5G 网络的飞速发展。5G 逐步深入到工业互联网、智慧医疗、智能制造、智慧交通等多个领域，应用范围不断扩大，用优秀的科技创新成果改善人民生活、助力经济发展。

5G 新动能的广泛应用对我国经济社会发展影响巨大，主要有以下方面。

第一，带动产业链发展。5G 在网络设备和半导体产业发展上的影响尤为显著。随着 5G 迅速发展，各类产业对于芯片和电子元器件的要求也越来越高，而这种要求带来的广阔市场吸引着无数投资者进入，从而推动我国网络设备制造业不断平稳发展，带动一系列企业科技转型，促进社会经济向前发展。

第二，刺激国民信息消费升级。5G 的发展带动了新的消费需求，形成了一个新的大市场，对中国经济的高质量发展有着重大意义。5G 提升用户的消费体验，物联网随着 5G 的发展越发完善，人们的生产和生活也越发便利，推动着经济、社会平稳发展。

第三，提供了更多的就业机会。5G 的发展带动无数新兴产业变革，大数据、云计算等新兴产业对人才资源产生大量需求，同时对人才质量的要求也越来越高，对劳动力的需求从低技术向高技术发生转变，推动我国人才结构发生转变，刺激整个劳动市场不断向高质量发展。

二、科技创新与公共文化服务建设的辩证关系

科技，让文化更加精彩；文化，让科技更具魅力。科技之于文化，为体，承载着文化发展的成果；文化之于科技，为魂，引领着科技进步的方向。文化与科技的每一次大融合，都推动了人类文明发展的飞跃。纵观全球发展，科技创新已成为文化发展的重要动力，文化发展已逐步成为助推世界各国进一步深化发展的重要生产力。在科技创新与公共文化服务建设方面也实现了较为深入的辩证融合，使科技创新对公共文化服务建设的支撑作用大幅提升，一批核心技术取得突破。

科技创新在一定条件下，不断丰富公共文化服务的内容和变更公共文化服务的形态。亦即人类总是借助科学技术创新来改变自己的生产生活，进而形成了特定的、阶段性的公共文化服务内容、业态。

物质生活与精神生活相互作用，科技创新与公共文化服务相互作用、相互融合。时下，科技创新与公共文化服务建设的融合是开辟文化发展新途径、提升公共文化事业服务能力的重要途径和举措。

科技创新与公共文化服务建设具有辩证统一性。科技创新对公共文化服务建设所起到的作用，不仅仅局限于一种传播的平台和表达的载体，究其本身而言也在潜移默化地改变着公共文化服务的内在性质和本质内涵。

从矛盾论的角度讲，科技创新与公共文化服务建设是一对矛盾的两个方面，通过发挥"人"的主观能动性可以实现二者相辅相成、辩证统一，促使其向有利于公共文化事业发

展的良好局面转变。

科技创新日新月异，如今的互联网信息技术又把微博和网络购物带给了世人，让"全球信息生产消费一体化"成为现实，与此同时，公共文化服务的生产与消费也向双向互动、同步进行的领域发展。总之，科技创新为人们提供了全方位的、多维式的公共文化服务环境，有利于社会人最大限度地去实现自由而全面的发展。

三、公共文化服务建设推进科技创新工作的政策支持

党和政府高度重视人民基本文化权益的保障，陆续出台了一系列促进科技创新与文化发展相融合的政策性指导文件及意见，努力推进公共文化服务体系建设，不断增加经费投入，逐步完善各种设施，稳步推进惠民工程，不断创新服务方式和手段，使我国的公共文化事业呈现出整体发展态势良好的局面。文化事业全面繁荣，覆盖全社会的公共文化服务体系基本建立，努力实现基本公共文化服务均等化。

（一）立足调研分析，提高工作的针对性

立足调研分析基础之上的科技创新不仅极大地丰富了公共文化服务建设的方式和内容，而且从整体上提升了公共文化服务的覆盖范围和产品质量，拓宽了公共文化服务建设的多维空间领域，也为进一步实现传统公共文化服务水平和质量的升级提供了重要的驱动力。

文化科技部门不断推进系统内部各部门之间的有序沟通、协调与合作，依据公共文化服务建设工作的实际需要有针对性地设立一批具备可行性和可操作性的科技创新攻关课题。

1. 厘清工作思路，全面调研

近年来，围绕公共文化服务建设领域内的科技创新问题的调研工作正持续推进中。其中最重要的一个调研项目就是关于科技创新与公共文化服务建设深度融合发展的战略研究调研，随后又把该项目细分为多个小项目逐项调研。诚然，只有全面调研、统筹兼顾，才能厘清公共文化服务建设领域内科技创新工作的新思路。

2. 专题调研

专题突破是按部就班实施公共文化服务建设领域内科技创新工作的新思路的必然之举。从事专题调研有利于摸清楚重点难题不易克服和解决的原因，然后可就难题本身和其产生的原因以及可借鉴的国际经验做到对症下药，着力攻克难题。

专题调研期间，以文化科技部门为主导的相关专题研讨会议全面召开，对文化建设领域内科技创新工作的成就和问题等进行了一次全面的刨根问底，收集了大量的有效信息，为重点解决公共文化服务领域内的科技创新难题提供了依据。

3. 凝聚正能量，积极攻关

科研团队是科学界攻关重点科研难题的主心骨。科研实力强，成功攻关的可能性就大一些。攻关公共文化服务领域内的科技创新难题，必须在文化科技部部际合作的基础上凝聚系统内部的中坚力量以及可能的社会力量，尽最大努力去建立各方资源无缝对接的公共文化服务建设合作平台，形成科研攻关合力。

现阶段，针对公共文化服务建设领域内科技创新工作的一系列代表性攻关项目有：从宏观层面为政府提供公共文化服务建设决策的基础数据库信息支持系统，研究制定公共文化服务类别及辐射范围，创建向国际社会传播中国文化的公共文化服务示范平台，打造具备国际视野、内嵌中国传统公共文化服务特点、内外互联互通的统一公共文化服务信息传播服务平台。

4. 依托顶层设计，以课题引领促发展

依托顶层设计、课程引领，简单而言就是自上而下地贯彻执行上级政策，并立足自身实际、依法行政，确保及时有效地完成上级下达的任务；具体来讲，即针对文化建设领域内的科技创新工作采取由国家文化科技部门先行确定总体的科研方向，继而在其引领下广范地接受社会各方的申报选题，然后由专家组对申报选题进行分析论证，并进行全面的可行性筛选，最终确定系列重大选题，最后再参考课题申报的方式进行申报。

目前，该政策项目自实施以来，已经吸引了文化科技系统内部单位、文化科技企业等社会各方的参与，其中涉及公共文化服务建设领域内科技创新问题的课题较多，为深化解决公共文化服务发展中的科技创新难题提供了智力支持。

（二）加强项目设计与实施，促进工作深入开展

文化科技部门以推动文化大发展大繁荣为出发点和落脚点，积极加强公共文化领域内科技创新项目的设计与实施。目前，该领域内的科技创新工作已吸引百余家文化单位和企业参与，初步立项 200 多项，且部分项目研发成果显著，正逐步转化为生产力，在公共文化服务建设中发挥着举足轻重的作用。

第一，国家文化科技提升计划。根据支持的方向和作用，国家文化科技提升计划分为重大战略导向项目、前沿项目、基础项目、研究基地与实验室项目、成果转化与推广项目。内容主要涉及以现代科技手段提升公共文化服务，让更多群众分享文化发展成果。

第二，科技创新项目。科技创新项目主要是对文化建设特别是公共文化服务建设领域内较为广泛运用的科技创新问题进行培育和引导，并且特别强化了文化单位在公共文化服务建设中的科技创新意识。

第三，文化科技创新奖。促进文化科技创新，创新文化发展方式，增强文化发展活力是新时期文化发展的必由之路。

第四，国家文化创新工程。国家文化创新工程是文化科技创新奖的积极延伸和必要补充，也是大力推动文化科技创新工作的着力点。该工程以分步实施创新项目、逐步完善文化创新体系、全面提升自主创新能力这一有针对性的具体管理思想为指导，全面落实文化建设方针政策，依托政府宏观调控能力的发挥，凝聚社会各方面正能量，形成合力，深入推动理论知识体系创新、文化信息生产传播技术创新、公共文化服务体制机制创新等。

（三）建立部际会商机制，助推工作高层对接

建立部际会商机制，第一次打破了公共文化服务领域内科技创新工作的行业限制，集成科技与文化的优势资源，在发展规划编制、计划组织实施、研究开发应用等方面加强协调，研究和探索有效推进文化与科技融合的体制机制，共同组织实施专项行动计划，提高文化领域的科技创新能力，构建文化科技创新体系，促进文化软实力提升。

建立部际会商机制，使公共文化服务领域内的科技创新工作可以在更广阔的大环境下予以开展，有利于丰富公共文化服务的内容，有利于创新公共文化服务的产品形态，实现了公共文化服务领域内科技创新工作的高层对接。作为文化建设重要组成部分的公共文化服务建设领域内的科技创新工作也在以上政策文件的指导下得到有序的开展。

（四）践行科技创新带动战略，推进创新成果高质量转化

科技创新是文化发展的重要引擎，要发挥文化和科技相互促进的作用，深入实施科技带动战略。现阶段，文化科技直属部门和文化企事业单位等正集中精力攻克一批具有前瞻性、时代性、关键性特点的科技创新项目，着重以集成创新为依托，不断提高公共文化服务建设领域内运用科技创新的能力，提升公共文化服务领域内的科技创新水平和深入发掘其能够带来的最大化社会效益、经济效益以及可能的其他联动效应。践行科技创新带动战略，推进创新成果高质量转化，是促进公共文化服务建设进一步发展的必然之举，是公共文化服务建设科学发展的科技保障。

第二节　科技创新对公共文化服务建设的作用

科技创新是文化发展的不竭动力，公共文化服务建设只有通过不断创新才能满足市民的多元性和多层化需求。政府高度重视公共文化服务建设领域内的科技创新工作，出台了

一系列促进科技创新的政策和指导文件。

各级政府认真贯彻落实新政策，不断推进公共文化服务建设领域的科技创新力度，以实现创新公共文化服务机制、不断增强公共文化产品和服务供给力度、完善公共文化服务设施网络、大力推动数字文化建设、广泛开展群众性文化活动、推进基本公共文化服务均等化等方面的目的，充分发挥科技创新对优化公共文化服务建设的现实引领与支撑作用。

一、有利于优化公共文化服务机制

科技创新有利于推进公共文化服务的机制创新，增强公共文化产品和服务的供给力度。在公众对公共文化服务需求及构建服务型政府这两大重要转变的背景之下，立足于以下三大公共文化服务机制基础之上的许多科技创新手段与方式应运而生，进一步加大了公共文化产品和服务供给力度。

（一）创新内生型的公共文化服务机制

现如今，更侧重于通过科技创新作为支撑，去引领内生型公共文化服务机制的深化创新。例如：广东在全国率先开展"流动图书馆""流动博物馆""流动演出网"三大文化流动服务网络建设，推出"城市街区 24 小时自助图书馆"，建设数字图书馆联盟以及"网上图书馆""网上博物馆"等数字文化服务体系，实施珠江三角洲地区文化共建共享工程，推进公共服务"一体化"，实现了内部资源挖掘使用的广覆盖、高效化利用。

（二）创新外包型的公共文化服务机制

外包型的公共文化服务机制主要是根据公共文化服务产品的生产予以判定的，是政府通过采购（合同）制度，将公共文化服务外包给非公共部门（企业或非政府组织）生产和经营，然后予以回购。该机制实现了生产者和提供者的分离，引入了公共文化服务领域内的市场竞争，在一定时期内对我国的公共文化服务建设起到了重要的作用。此时，让科技创新去引领外包型公共文化服务机制进一步创新则成为必然之举，因为，科技创新是助推企业升级公共文化服务水平的重要手段。

电子信息技术是提升公共文化服务能力的重要手段，积极推进高新技术在公共文化服务领域的应用，将极大提高公共文化服务设施的使用效率，有效提升公共文化服务能力和水平。同时，公共文化事业的发展也为科技创新提供了思想源泉。近些年，很多电子信息技术企业纷纷把文化作为自身发展的战略行业之一。

（三）创新合作型的公共文化服务机制

合作型的公共文化服务机制是指市场参与、社会资金介入及政府适当投入等一揽子的多元化、社会化的运作方式，初步实现了以社会资本为主、政府投入为辅，市场与政府等方面均为公共文化服务的生产者和提供者的合作关系。目前，该机制在科技创新的支撑下正成为我国公共文化服务建设的重要方式。

关于科技创新这一特点，深圳在国内体现得最为突出，就是充分发挥公共文化服务领域内的科技创新作用，努力形成政府、市场和社会三者之间的良性互动和有效合作机制。以现代科技手段提升公共文化服务，建设深圳城市街区 24 小时自助图书馆、全民阅读数字出版分众平台等，采用现代技术开发研制出拥有自主知识产权的新型公共文化服务平台，集节约化、智能化、个性化、便捷性于一体，努力实现"让文化不再高高在上，与群众接近亲近"的目标。

（四）加大公共文化产品和服务供给力度

深化科技创新，加快现代科技应用步伐，提升公共文化产品和服务供给力度，助推公共文化服务建设朝纵深发展是从内容建设层面实现人民群众基本文化权益的根本要求。只有不断地供应鲜活的文化营养，才能让公共文化建设焕发生命的活力。

在现实生活中，科技创新对公共文化产品和服务供给力度的支撑作用主要体现为：

第一，依托现代科技创新技术不断加强免费博物馆、24 小时数字图书馆等公共文化服务设施建设，并利用现代科技创新公共文化服务管理方式。

第二，鼓励国有文化机构、教育机构开展公益性文化活动，加快科技创新在公益性文化活动中的利用水平，加大公共文化产品和服务的供给力度。

第三，运用科技创新屏蔽一系列不健康的网站和信息，多提供一些积极向上的网络信息，特别是为未成年人健康上网营造一个绿色文明、健康安全的网络环境。

第四，运用现代科学技术为少数民族地区的公共文化产品创作提供技术支持，并对较为珍贵且用民族语言书写的图书资料进行技术性保存，然后用汉语言对其进行翻译再保存，并且加大针对偏远山区和少数民族地区的远程网络教学、医疗等方面的公共文化服务。

第五，依托现代科学技术出版更适合盲人朋友阅读的书刊等，尽最大努力整合社会各方资源为盲人朋友建立专门的互联网信息服务平台，切实保障盲人朋友的公共文化权益。

二、有利于完善公共文化服务设施网络

从形式上完善公共文化服务设施网络布局是文化民生建设的重要内容，是实现好、维护好、发展好人民群众的基本文化权益的基本前提。建立和完善以科技创新为支撑的社会公共文化服务设施网络势在必行。

（一）巩固县级公共文化服务设施网络

县级图书馆、文化馆等在一定程度上可以部分满足基层人民群众的公共文化需要，但是县级与大中城市的公共文化服务水平差距是非常大的。如何缩小这一差距或者把城市的公共文化服务辐射到县一级来作为补充就成为一个亟待解决的问题。此时，科技创新在众人的呼唤声中应运而生。

第一，"公共文化移动服务集成平台建设研究"，有利于把城市公共文化资源通过移动服务平台辐射到县级及以下偏远的地方。

第二，"公共文化服务与交流中移动技术应用模式研究"，该项技术的攻关结果直接决定着移动服务集成平台建设成效的大小。所以，只有深入推进公共文化服务建设领域内的科技创新，建设"送文化"到人民群众家门口的服务设施，实现随时随地的公共文化服务，方能切实地满足人民群众的文化需求。

（二）完善大中城市的公共文化服务设施网络

科技创新有利于完善大中城市的图书馆、博物馆和文化馆（中心）等方面的公共文化服务网络设施，延伸其服务功能。例如：深圳图书馆依托科技创新，集成研发了"24小时自助图书馆"应用系统。该系统基于三网融合这一信息转换平台，内嵌虚拟化的智能控制技术，最后充分利用"自助图书馆服务机"这一终端设备为市民提供借阅、返还、信息查询等各项公共文化服务，实现图书馆服务的广覆盖和24小时便民服务，受到了广大市民的好评。

（三）构建三网融合范式的传播网络

科技创新有利于依托各级广播电视无线发射转播台（站）这一基础平台，构建三网融合范式的公共文化服务传播网络。三网融合以提升公共文化服务水平为出发点和落脚点，充分利用现代通信（电视、广播）技术、互联网技术，解决制约公共文化服务传播过程中的科技问题。

三、有利于大力推动数字文化建设

依靠科技创新助推文化资源数字化建设是新时期推动文化大发展大繁荣的重要内容，特别是推动公共文化服务领域内的数字化系列建设进展迅速。近年来，为促进该领域的发展，国家给予了积极的政策指引和资金扶持。

（一）让公共文化服务"结网生根"

数字科技的作用犹如人体的血管体系，织成一张极具针对性、可行性和可操作性的大网，把公共文化大餐输送到社会大众需求的每个地方。依托数字化科技创新，国家正在实施的数字图书馆推广工程和公共电子阅览室建设计划也是推动数字文化建设的两大代表性文化民生工程。

（二）提升公共文化服务传播力

数字科技创新突破传统文化传播手段，坚持技术领先，实现公共文化服务数字化传播。数字科技创新通过自主研发公共文化服务信息苑中央管理平台，提高运营管理与内容服务水平，强化了异构内容整合发布、网络访问多层监管、用户行为分级管控等功能，实现内容多样化、管理精细化、服务标准化。运用远程控制的手段，向普通市民，特别是未成年人，提供健康文明的绿色公益上网服务。

以上海"数字文化家园"——东方社区信息苑为例，它是上海公共文化服务体系建设中的重要内容之一，是直接建在社区、面向普通市民群众、基于互联网信息技术的新型公共文化设施和服务平台，最终欲实现"步行十分钟"到达的生态圈文化服务半径，"一键直达"文化信息网络的公共文化服务体系建设目标。

为了更好地提供专业化服务，东方社区信息苑运用异构数据整合发布等集成方式，构建虚拟城域网络宽带专网集成平台，提供宽带城域专网内容服务。其中包括提供政务服务、公共文化服务、便民服务、未成年人服务及培训服务等板块。在资源整合的同时，运用文化信息化的互动功能，开拓论坛聊天性、辅导培训性、文化娱乐性等三大类互动服务。

四、有利于开展群众性文化活动

文化活动是提供公共文化服务、满足人民群众基本文化需求的重要载体。我们须根据群众文化需求的特点、城乡文化资源特点和城乡发展的目标定位，策划、设计和组织各类公益文化活动。同时，依靠科技创新为支撑有针对性地开展一系列的公共文化主题活动，甚至打造一批公共文化服务品牌，通过主题活动的影响力、品牌的辐射力、凝聚力，吸引民众主动热情参与。

（一）优化群众性文化活动服务平台

新时期，我国的群众性文化活动较为活跃，尤其是在现代科学技术创新的支撑下，实施了一批惠民的重点文化民生工程，充分挖掘各类服务设施的潜在作用，极大地优化了人民群众开展公共文化活动的各种环境，吸引众多民众参与进来。

以现代科学技术创新做支撑前瞻性地统筹、协调、组织、管理好软硬件服务设施建设，凝聚社会各方面资源，高效整合，提高人民群众开展公共文化活动时对基础设施的综合利用效用。

（二）扩展公共文化服务形式和内容

培育形式多样、内容活泼的公共文化服务是满足人民群众基本文化权益需求的基本要求。在日常生活中，科技创新作为一种拓展群众文化活动的手段，时时刻刻发挥着其应有的作用。

当前，公共文化服务渠道在城市中已经逐步畅通起来，但是距离城乡公共文化服务一体化的发展目标还有很远的路要走。欲实现这一目标，科技创新不可小视，因为依靠科技创新可以把城市所拥有的公共文化服务资源链接到农村去。例如：目前正在实施的"数字乡村"网、数字电影院线和数字演出院线向市县延伸等系列工程，均离不开现代科学技术的常态化支撑。

（三）实现从"送文化"向"种文化"的转变

人民群众是社会实践的主体，是文化创造的不竭源泉。科技创新是知识创新、技术创新和现代科技引领的管理创新，其对人民群众的自我学习、自我创造和自我服务有很大的引领和支撑作用。人们需要通过支持群众依法兴办文化团体，支持社会各方捐赠和兴办公益性文化事业，精心培育植根群众、服务群众的文化载体和文化样式以解决知识创新不够活跃的问题；吸纳有代表性的社会人才、基层群众参与公共文化服务设施管理，提升公共文化服务效用；同时积极鼓励和引导人民群众利用网络、手机等新兴技术终端第一时间分享公共文化服务发展成果，畅通服务路径。最终，实现人民群众在公共文化服务建设中自我学习、自我创造、自我服务。

五、有利于推进基本公共文化服务均等化

加快构建公共文化服务体系，按照体现公益性、基本性、均等性、便利性的要求，坚持政府主导，加大投入力度，推进重点文化惠民工程，加强公共文化基础设施建设，促进基本公共文化服务均等化。

公共文化服务走进农村、走进社区、走进军营、走进学校、走进企业，初步满足了基层群众"求知识、求富裕、求健康、求快乐"的需求，受到广泛欢迎。故此，各级文化科

技部门只有不断创新公共文化服务供给方式，依托科技创新构建针对可行的全国文化信息资源共享工程，以满足农民、进城务工人员、老年人、未成年人、下岗失业人员、低收入人群、残障人群等群体的文化需要，努力实现基本公共文化服务均等化。

全国文化信息资源共享工程是 2002 年起，由文化和旅游部、财政部共同组织实施的国家重大建设工程。它充分利用现代高新技术手段，将中华民族几千年来积淀的各种类型的文化信息资源精华以及贴近大众生活的现代社会文化信息资源，进行数字化加工处理与整合；通过互联网、卫星、电视、手机等新型传播载体，建成网上的中华文化信息中心和网络中心，并通过覆盖全国所有省、自治区、直辖市和大部分地（市）、县（市）以及部分乡镇、街道（社区）的文化信息资源网络传输系统，实现优秀文化信息在全国范围内的共建共享。

全国文化信息资源共享工程作为公共文化服务体系的基础工程和重要平台，将进一步加大整合力度，建设"公共文化数字资源基础库群"；在城市社区、文化馆新建基层服务点，加强已建基层点的管理，发展完善覆盖城乡的服务网络；利用"云计算"和"三网融合"技术，提升整个网络的服务能力与管理能力；大力推进进村入户工作，广泛开展惠民服务，实施以"农村实用技术人才培养计划"为重点的网络培训；与公共电子阅览室建设计划相结合，加快建设以公共图书馆、学校电子阅览室、社区文化活动中心为载体的未成年人公益性上网场所。将工程建成资源优质丰富、技术先进实用、传播高效互动、服务便捷贴近、管理科学规范、体系完整可控的公共数字文化传播服务体系，实现"时时可看，处处可学，人人可享"。

第三节 科技创新推动公共文化服务建设的对策

公共文化服务领域内科技创新能力的强弱，直接制约着我国公共文化服务发展水平的高低。展望未来，要实现科技创新推动公共文化服务建设，就必须从根本上转变发展理念，制定科学合理的发展战略，创新发展方式，健全各方面的运行机制，不断解放和提升科技创新能力，助推早日实现公共文化服务全民化、均等化的发展目标。

一、完善政策法律机制

科技创新推动公共文化服务建设政策法律机制的进一步完善，需要做到务必理顺并落实配套政策；务必筑牢法律基石。因为配套政策和法律法规的完善为科技创新推动公共文化服务建设提供了坚实的经济后盾和强有力的法治保障。

（一）务必理顺落实的配套政策

理顺落实科技创新推动公共文化服务建设的配套政策主要是指：从宏观上分析扶持公共文化服务建设的政策层次、资金需求、筹资渠道等，从中观上确立好资金筹集的具体渠道和配套比例等，从微观操作上具体落实好相关政策、确保资金使用到位等。

第一，建立同国力相匹配、同人民群众公共文化需求相适应的财政投入保障机制。保证公共财政对公共文化服务建设投入的增长幅度高于财政经常性收入增长幅度，提高公共文化支出占财政支出比例，切实增加公共文化服务建设资金的投入。优先安排关系人民群众切身利益的公共文化服务项目，重点保障基层公益性文化单位开展基本公共文化服务所需经费。

第二，引导和鼓励社会资本进入公共文化服务领域，建立以政府投入为主、社会力量广泛参与的多元化公共文化服务投入机制。转变公共财政投入方式，通过政府购买服务、项目补贴、以奖代补等方式，鼓励和引导社会力量提供公共文化产品和服务。落实和完善文化经济政策，进一步落实鼓励社会组织、机构和个人捐赠以及兴办公益性文化事业的税收优惠政策，促进企业及民间加大对公共文化事业的投入，鼓励和引导民间资本进入公共文化服务领域。

第三，设置专项资金扶持科技创新推动公共文化服务建设的重点项目，落实公共文化服务领域内科技创新工作的经费保障。因为科技创新推动公共文化服务建设的重点项目往往具有广泛的代表性和影响力，政府应创新社会各方对重大公共文化服务建设领域内科技创新工作的经费投入机制。政府应积极支持一些战略性、先导性、带动性的公共文化服务项目建设，同时支持文化科技创新研发应用水平较高的企业，助力文化企业的科技创新。

（二）务必筑牢法律基石

建立健全文化法律法规体系，加快文化立法，制定和完善公共文化服务保障、文化科技创新过程中的知识产权保护、公共文化服务重大工程、文化市场管理等方面的法律法规，将文化建设的重大政策措施适时上升为法律法规，加强地方文化立法，尤其要完善科技创新推动公共文化服务建设领域的政策法规。具体表现为：加快研究制定相关法律，继续推进立法工作，制定和完善文化馆（站）、公共图书馆等公益性文化单位的服务标准和服务规范。

二、完善组织机制

完善科技创新推动公共文化服务建设的组织机制，改革公共文化管理体制，强化基层政府在公共文化服务中的责任，理顺文化行政管理部门与文化事业单位的关系，推进文化事业单位改革，建立职责明确、反应灵敏、运转有序、统一高效的公共文化服务组织保障体系。

（一）创建纵横管理机制

政府主导是政府对公共文化管理的重要特色之一。目前，我国已经建立了文化和旅游部、科技部部际会商机制，实现公共文化服务领域内科技创新工作的高层对接。

建立一个自上而下的纵深领导小组，提升高层对接之后具体事项的执行力。该领导小组的成员由政府相关文化、科技等部门中的核心领导组成，按照"梯度结构、分级管理"的模式，逐步构建委办局层面的联动工作机制，加强各方资源的集成与互动，为公共文化服务事业的发展提供强有力的纵向管理机制。

建立社会各方积极参与管理的联席会议制度，创新横向管理机制。按照"民主协商、民主自治、民众广泛参与"的原则，由政府有关部门发起，任何具有一定资质的民间团体、个人都可申请参与，通过定期召开联席会议等形式，加强彼此联系与沟通，集成政府公共管理与人民群众的无限智慧结晶，共同探索科技创新推动公共文化服务建设的新路子。

（二）强化地方政府的责任

我国的公共文化服务建设取得了显著的成绩，特别是北京、上海、深圳等大城市在科技创新引领和支撑下的公共文化服务设施网络和服务水平已经初步达到国际发达城市的标准。

我们须依托纵横管理机制推动地方各级党委政府，把科技创新推动公共文化服务建设作为提高党的执政能力、建设服务型政府的重要任务，切实担负起领导责任，充分发挥在公共文化服务建设中的主导作用。建立党政相关部门共同参与的沟通协商机制，共同承担公共文化服务建设职责，形成多头合力，推动纵横管理机制流畅运行，解决基层文化缺失危机，还基层民众一个文化春天。

（三）深化公益性文化事业单位的改革

深化我国公益性文化事业单位改革，是创新公共文化服务管理方式的一个重要推力，亦是我国文化系统内解放文化生产力的一次绝佳发展机遇期，再次激活了公益性文化事业单位的内部发展潜力。

时下，唯有科学界定公益性文化事业单位的社会性质和服务功能，全面推进人事、收入分配和社会保障制度改革，才能增强其内部活力，进而转化为社会提供公共文化产品和服务的可持续红利。同时，继续深入推进公共图书馆、博物馆、文化馆（站）等公益性文化事业单位依托现代科技创新优化公共文化服务设施运行机制、创新管理方式，积极探索建立事业单位改组后的企业法人治理结构，广泛吸纳各方民众出谋划策，参与管理。

（四）加强公共文化服务的行业管理

加强公共文化服务的行业管理是推进公共文化服务行业科学化、合理化、规范化发展的必然举措。

按照政事分开、政社分开的原则，理顺文化行政部门和公共文化行业组织之间的关系，探索建立文化行政部门宏观调控和行业组织微观管理相结合的公共文化行业管理体制，推动政府公共文化职能转变，加快形成政社分开、权责明确、依法自治的现代社会组织体制。充分发挥公共文化行业组织在行业发展规划、标准制定、理论研究、信息交流、人才培训、资质认定、行业监督等方面的重要作用，提高行业组织自我教育、自我管理、自我服务、自我监督能力。

三、建立社会服务机制

从社会服务层面讲，科技创新推动公共文化服务建设主要受制于公共文化服务领域内推进科技创新的专门研究机构、文化系统内部的科技创新支撑力度和科技系统内部的文化导向等这几个方面的内容，现阶段只有建立起这样的多方良性联动社会服务机制，才能实现科技创新推动公共文化服务资源深度整合与发展。

（一）成立专业文化科技研究机构

科技创新促进文化建设的力量源泉是成立专业文化科技研究机构。所以，要加大对公共文化领域科技创新的科学研究投入，并把有文化科技研究基础的科研单位、机构予以整合，成立专门的文化科技研究机构，广泛吸纳文化科技领域内的专家，构建文化科技融合的智慧库。重点从当前政策扶持、资源倾斜的重大公共文化民生工程入手，尽最大可能地透析该领域的基础性、系统性和规律性的研究难题，同时注重实践层面的功效评价指标体系构建，为文化与科技融合，特别是科技创新推动公共文化服务建设提供科学的理论、前瞻性的策略、可操作性的方法。

（二）提高对科技创新的深度认识

在文化系统发挥科技创新的支撑作用，首先要积极引导和鼓励文化事业单位提高对科技创新价值和意义的深度认识，方有可能倡导文化事业单位开展文化与科技融合的科学研究，进而组建配套的科技创新应用推广部门等。这是一个从认识到实践的过程。

在认识环节：

第一，开设相关的以"科技创新和公共文化服务建设的关系"等为主题的网络专题报告和针对专门人员的系列培训课程等，号召文化事业单位的研究人员参与学习培训，逐步提升研究人员的文化科技融合意识。

第二，设立以"科技创新与公共文化建设"为研究方向的课题项目，并给予配套的课题经费，进行项目招标，激发文化事业单位研究人员深入认知科技创新与公共文化服务之间的内在联系和互促模式。

第三，建立针对文化科技创新相关的国际交流学习机制，提升文化事业单位研究人员的研究能力和水平，促进研究成果的实践转化。

在实践环节：即公共文化服务领域内科技创新成果的应用环节，要从政策扶持、资金配套等方面支持科技创新应用推广部门的工作，提升公共文化服务事业的科技服务能力。

（三）发挥文化导向作用

文化是科技创新的指南针，公共文化服务建设对科技创新的导向作用日趋明显。固然，从事科技创新需要政策、资金等方面的支持，但更需要的是要有一块能激发人自由而全面发展的绿色文化之洲，用以造就创新者的成长空间和心灵升华。目前，我国的科技创新绝大部分受制于技术驱动的文化，欲完成由"受技术驱动的文化"向"由市场驱动的文化"的转变。我们必须营造贴近人民群众需要的公共文化，以北京、上海和深圳等区域性的文化科技创新温床为高地，不断带动其他地区的发展，最终实现"东—中—西"的公共文化辐射格局。

四、营造人才培养机制

一切竞争归根结底是人才的竞争，只有建立和完善有利于科技创新工作者健康成长的人才培养机制，才能最大限度地调动广大文化科技工作者的积极性、主动性和创造性，为科技创新推动公共文化服务建设提供人才保证。

（一）着重培养复合型人才

科技创新推动公共文化服务建设是一个复杂的工程，涉及众多行业和学科领域，需要一大批既具备先进文化发展理念，又具备多学科知识背景的复合型人才。针对这一实际需求，可创新高等院校的人才培养模式，科学合理地设置针对文化科技融合相关的专业，并适度地扩大涉及专业的招生规模。同时要从提高学生综合素养入手，激发学生的创新意识，培育一批既有实践经验又有理论知识的文化科技相融合的创意人才。另外，可采取跨专业、联合培养的模式，学生同时修读科技、文化类的课程，最后可获得双学位。

（二）构建联合培养人才模式

创新人才培养模式，实施高端紧缺人才培养计划。公共文化服务领域内的科技创新工作急需一大批知识渊博、实践经验丰富、科研攻关强的文化科技复合型人才。所谓企业、高校和专门研究机构联合培养人才模式，就是把企业的资金、实践经验优势与高校和专门研究机构的人才培养优势对接起来。具体的操作模式有三种：

第一，企业提供资金，委托高校"回炉"培养一批已经具备相当实践经验的人才，毕业后返回企业就职。

第二，企业可以与高校和专门研究机构共同建立培训基金，为企业培训员工，通过这样长效的人才培养机制，积极储备高素质的文化科技人才后备队伍。

第三，高校和专门研究机构的相关专家下企业，对企业中的文化科技意识较为薄弱的员工进行文化科技相关知识培训，提升水平、优化结构。

总之，在我国公共文化服务建设的人才使用上要按照"存量优化、增量优选"的原则，对于存量的人员加大培训力度、合理调整岗位，着力优化结构，对于新增文化队伍，一定要有严格的准入标准，要能够掌握现代新技术。

（三）引进优秀人才与高端团队

为满足科技创新推动公共文化服务纵深发展的人才需求，除自主培养优秀的复合型人才外，还必须吸纳国外先进人才或者高端人才团队，特别是高端人才团队的加入，会对我国的公共文化服务建设带来显著的经济和社会效益。

为了吸引这样的国际人才队伍，需要政府在项目启动、知识产权保护、资金投入、福利保障等方面提供大力的优惠政策。具体表现为：一方面，可以吸收外资进入法律法规许可的公共文化服务建设领域，鼓励文化单位同国外有实力的文化机构进行项目合作，学习先进科学技术和管理经验；另一方面，可以多渠道吸引海外优秀文化人才，积极支持高层次人才创办文化企业，完善实施知识产权作为资本参股的措施，落实扶持创业优惠政策等。

五、建立绩效评价和监督机制

建立科学规范的公共文化服务绩效评价和监督机制，是为人民群众提供高品质公共文化服务的一个重要举措，也为公共文化服务领域内科技创新工作指明了方向。

（一）加强体系建设的监督

近年来，我国已经逐步加大了对中央决策部署落实情况、重大文化惠民工程建设情况的监督检查，地方各级党委政府、文化行政部门和公益性文化单位推动公共文化服务建设的主动性和积极性有显著提高。

建立健全人民群众在公共文化服务之中的监督机制，即充分尊重群众的参与权和表达权，探索建立群众文化需求的动态反馈机制，重点加强对基层和少数民族地区群众文化需求的了解；完善人民群众在公共文化服务需求方面自下而上的表达机制，以确保将人民群众的真实文化需求纳入政府的公共文化服务决策和供给的议程之中去，有针对性地提供公共文化产品和服务。

（二）建立科学合理的公共文化服务绩效评价指标体系

公共文化服务绩效评价指标体系对公共文化服务建设具有导向作用。该指标体系主要涵盖以下部分：

第一，完成各项公共文化服务质量标准体系的制定，为社会各方就公共文化服务水平和质量提供参考。

第二，将人民群众对公共文化建设或公共文化服务的满意程度作为一项重要指标纳入公共文化服务运行机制的绩效考核之中，逐步建立"城乡居民公共文化服务满意度指数"。

第三，探索实施公共文化服务第三方评价机制，增强公共文化服务评价的客观性和科学性。

第四，把建设公共文化服务的成效，纳入各级政府、文化行政部门和公益性文化单位的绩效考核体系之中，确立自上而下的考核问责机制等。

第四节　科技创新助推我国文化发展新格局

随着新一轮科技革命的蓬勃发展，以 5G、大数据、云计算、区块链、人工智能和 VR、AR、MR 等为代表的新一代信息技术飞速发展，深刻改变着文化生产、消费和传播等领域，不仅激活和重塑了传统文化产业，推动产业转型升级，而且催生了新业态、新模式，以网络视听、数字娱乐以及数字创意设计等为代表的文化新业态逐步成为引领产业发展的新引擎，成为满足人民美好生活需要的新动力。

一、加强对"文化+科技"的引导和布局

随着数字经济与实体经济融合程度的提高，数字产业化和产业数字化在提升文化发展质量和竞争力层面的助推器作用越发凸显。"'文化+科技'正成为双循环格局下我国经济社会发展的新动力。文化科技融合应坚持双效统一原则、优化政策供给、整合优势资源、加强知识产权保护，推动中国特色社会主义文化繁荣兴盛。"①

坚持创新在我国现代化建设全局中的核心地位，把科技自立自强作为国家发展的战略支撑，并将其摆在各项规划任务的首位进行专章部署。技术革新使得文化与其他行业融合的壁垒不断弱化，推动文化与制造业、商业和农业等行业融合。

文化与科技相互赋能，既是文化资源创新性表达的必然要求，也是赋予科技文化新内涵的要求。文化与科技深度融合创新，助推传统文化业态转型升级，培育文化新业态新模式，提升文化产业数字化、规模化、协同化水平，加快公共文化数字化布局，是满足人民文化需求和增强人民精神力量、建设文化强国的必由之路。

实施文化产业数字化战略，加快发展新型文化企业、文化业态、文化消费模式，明确了下一阶段双循环格局下的文化发展方向。未来，文化科技深度融合将进一步拓展技术在重点文化场景中的应用边界，扩宽文化科技内容价值实现渠道，提升产品供给质量，推动文化资源数据互联互通，加快推进产业上、中、下游全产业链数据资源整合，促进优质IP②打造和产业化运营，让文化和科技创新活力充分涌流。

二、文化科技互动显著增强

构建国内国际双循环相互促进的新发展格局，是着眼于国内外环境重大变化做出的战略决策。

从国际来看，世界正在经历百年未有之大变局，各国都在抢抓第四次产业革命的历史机遇，依靠科技竞争推动成果转化和产业格局变革的趋势更加明显。信息化、智能化和网络化重构着国际价值链和国家竞争能力，世界产业格局正在发生着巨大变化。

从国内来看，随着国家新型城镇化、乡村振兴等一系列战略实施效果的逐步显现，我国超大规模市场优势和内需潜力将得到充分发挥，经济内生动力不断增强。人民群众对于高质量文化产品和服务的需要对文化产品的生产和供给提出了更高要求。居民消费更加多样，消费品质明显提升。

---

①范周等，《科技创新助推"十四五"文化发展新格局》，载《中国国情国力》第 2020 年第 12 期，第 7 页。
②知识产权（Intellectual Property，IP），也称知识所有权，是指权利人对其智力劳动所创造的成果和经营活动中的标记、信誉依法享有的专有权利。知识产权是一种无形财产，具有专有性、时间性和地域性的特点，且大部分知识产权的获得需要法定的程序。

面对内外部环境变化和供需结构性矛盾的日益突出，国家经济社会发展和民生改善更需要依托科技发展与创新为各领域提供解决方法，注入发展动力。创新驱动已经成为推动我国经济由高速增长转向高质量发展的重要动力。创新驱动发展能力明显增强，科技人才队伍规模逐步扩大，科技创新的全球影响力进一步提升。但在部分关键领域、核心领域、前沿领域，我国创新能力依旧薄弱，自主创新能力总体还不够强，经济发展内生动力不足，引领未来经济发展的新技术成熟度不高，科技成果转化率低等，都制约着我国实现更为长远的发展目标。

随着技术不断迭代以及文化进入新时期自身发展条件的变化，科技深刻影响着文化生产、消费和发展的内涵，在一定程度上科技也成为文化的内容，推动文化生产与消费的双向互动，推动文化产业发展动能的转换升级。在"双循环"格局下，"文化+科技"正成为带动经济社会发展、助力我国在国际竞争中实现弯道超车的引擎。

三、文化与科技深度融合，释放新动能

科学技术的不断进步为传统文化业态提供了转型升级的契机，进一步优化了公共文化服务的供给方式，也与文化生产方式深度融合催生出文化新业态，使得文化资源潜力得到进一步释放，走入公众日常消费领域。

（一）借助技术，传统文化业态转型升级

在新技术的推动下，文化领域传统业态不断转型升级甚至重构。数字出版、数字阅读和网络视听等都是传统业态借助新技术转型升级而形成的新业态。以媒体融合为例，随着内容与技术的结合程度越来越高，传统媒体发展依靠内容驱动的模式在互联网时代背景下逐步转变为内容与技术双轮驱动的模式。

技术在提升内容生产效率、丰富呈现形式和体验、优化传播渠道、提升双向互动方面发挥着得天独厚的作用，大数据、互联网、5G+8K等技术既推动了内容的生产创作，又提升了信息传输的效率，与大规模、个性化、分众化信息服务的趋势相符合，推动主流意识形态传播和舆论空间治理迈上新台阶。我国工业体系完整、门类齐全，是世界上唯一一个具有联合国认定的所有小类的工业门类的国家，这为依托技术进步推动传统产业转型升级、实体经济与数字经济融合提供了坚实保障。

（二）科技创新催生文化新业态

文化新业态是技术与传统文化业态深度融合形成的一种新的产业形态，内容更广泛、运行更复杂的文化新业态是基础技术发展和核心技术突破的产物，也是文化、科技、资本

和人才共同催生的产物。文化新业态在文化及相关产业分类中主要集中于文化服务业和文化制造业，并且大多依托互联网平台和数字技术开展文化产品生产与服务。

文化发展活力不断提升，复苏态势将持续巩固，也充分体现了文化新业态在经济发展新格局中的巨大潜力。"智慧旅游"是文化、旅游与科技融合的产物，游客通过智能手机便捷地获取旅游资讯、门票酒店预订、景区导览、旅游地图服务和导航、与其他游客互动评论等，不仅满足了游客对于高质量出行体验的诉求，更有效地释放了旅游业的巨大潜力。随着技术持续突破行业间壁垒，文化将与制造业、农业、旅游业等深度融合，将催生更为广泛的新业态。

（三）公共文化服务数字化水平显著提升

技术创新渗透到经济社会生活各个领域，对创新和完善社会治理体系的支撑作用逐步增强。科技发展促使公共文化服务的时空限制和实体资源局限不断被突破，技术进步为公共文化基础设施建设、公共文化产品和服务供给、公共文化机构运营管理等方面提供了新思路，文化资源借助数字化手段实现了跨地域、跨介质等传播，信息化、智能化和精准化成为公共文化服务的新特点。

此外，技术进步也进一步拓展了社会力量参与公共文化服务的范围，大数据技术推动着公共文化服务实现更为精准高效的供给，并且将公共文化资源的"服务链"进一步延伸，在提升公共文化服务效能的同时也进一步完善了供给方自身。平台数字化升级和社会多主体参与共同推动着公共文化社会化治理效能提升。网上展览以便捷、安全和沉浸体验等特点让数字公共文化服务成为更多人的新选择。

（四）文化创意营造消费新场景

随着居民文化消费水平的不断提升，公众的文化接受方式进一步延伸。消费和体验是促使消费者与产品服务产生情感共鸣的关键。

文化消费场景的营造，进一步拉近了新消费内容和客群之间的距离，使得消费者在文化消费时从被动观看转为主动体验，促进了体验经济的迅速扩展。沉浸式体验具有丰富的艺术价值和科技内涵，集"硬设备"和"软内容"为一体，心理学、游戏设计和虚拟现实技术等不同领域融合进一步拓展了沉浸式体验的应用范围。作为消费场景拓展的新代表，沉浸式体验能够满足公众对于文化消费订制化、体验化及互动性的需求，拓展了文化消费的边界。

四、科技创新助推我国文化发展建设

(一) 加强政策引导的支持作用

第一，完善相关保障政策。探索文化、财政和科技等多部门共建的协同管理机制，鼓励社会力量参与文化科技创新，建立文化科技融合发展的评价体系，建立多主体联动的投融资合作机制，创新融资和担保方式，运用财政和金融政策引导更多资本向文化科技领域流动。

第二，加强核心关键技术攻关。由政府牵头，企业、高校和科研机构等社会力量共同参与，针对文化发展领域重点技术进行专项研发，制订符合国家和地方发展实际的技术研发方案，尤其要加强对基础性技术的研发布局、前沿领域以及重大战略项目的技术突破。

第三，推动技术转化为应用成果。优化科研成果转化流程，以市场需求为导向，引导科研机构、高校等与文化企业高效对接，联合推动创意落地走向市场。

(二) 提升企业的跨界创新能力

在新发展格局下，企业是文化科技融合的微观主体，要加速形成以骨干文化科技企业为引领、中小文化科技企业为补充的文化科技融合创新集群，不断激发和释放企业活力。

第一，发挥龙头企业优势，广泛吸纳各类社会资源参与企业创新，加快文化创意设计与核心技术双向突破。

第二，探索同高等院校、社会组织联合培养引进人才机制，通过重大项目联合攻关、共建教学实践基地等形式提升人才培养整体水平。

第三，充分发挥文化企业集群优势，以链条式集聚为企业发展注入活力。企业要根据自身发展情况进行跨产业、跨区域的兼并重组，整合优势资源，提升整体市场竞争力。

(三) 坚持双效统一导向

文化企业承担特有的社会责任，积极履行社会责任和道德责任，创作生产更多健康向上、品质优良的文化产品，中华优秀传统文化是中华民族的精神命脉，也是坚定文化自信的坚实根基。文化科技类企业要坚持"双效（社会效益和经济效益）统一"的原则，科技与文化的深度融合在一定程度上推动了传统文化的现代转型和现代文化的业态创新。企业要从优秀的传统文化中汲取营养，将优秀传统文化元素融入产品中，通过科学技术手段助推文化遗产保护与传播，升级传统文化业态，丰富传统文化的呈现和体验方式，为传统文化注入新活力。

（四）加强知识产权的保护力度

知识产权保护是完善产权保护制度的重要内容，也是提升经济竞争力的最大激励。众多文化科技类企业通过不动产等方式获得金融机构投融资具有一定难度，但这类企业通常拥有专利权、商标权和著作权等无形资产可用于质押融资。

现代市场经济环境下，创新技术是文化科技类企业最核心的竞争力，强化知识产权保护是激发企业创新创造活力的基础。要积极探索并制定新业态、新领域和新技术的保护机制和规则，在进一步完善知识产权保护机制和政策的基础上，探索建立专利技术产业化平台，对科技成果转化项目给予重点支持。构建知识产权金融服务平台，推动知识产权质押融资相关信息共建共享，积极推动知识产权证券化活动开展。

（五）提升公共文化服务数字化的供给效能

公共文化服务通过基本公共文化产品服务的供给发挥着"兴文化、聚民心、强自信"的作用，公共文化服务体系数字化建设是互联网时代公共文化服务创新升级的必然要求。

第一，推动公共文化服务数字化保障具体举措见实效，以数字化平台建设为依托，将公共文化服务体系建设与"互联网+""文化+"等行动紧密衔接起来。

第二，树立用户思维，进一步落实细化标准，提供针对性强、差别化、精细化的文化产品与服务，打通公共文化服务壁垒，进行全面覆盖。

第三，提升公共文化数字化资源共享能力，尤其是乡村基础性公共文化资源的数字化程度，填补城乡"数字鸿沟"，提升公共文化服务整体供给效能。

参考文献

[1] 魏大威，谢强，张炜，等．智慧图书馆建设的思考［J］．国家图书馆学刊，2022，31（03）：3-11.

[2] 聂勇浩，黄妍，陈善斯．建构公共文化服务的家庭供给网络：以"邻里图书馆"为例［J］．图书馆杂志，2022，41（05）：79-86.

[3] 虞乐．2021年公共图书馆发展新变：新主题·新技术·新模式［J］．出版广角，2022，（07）：92-96.

[4] 金武刚．图书馆：公共文化服务均衡发展的引领者和促进者［J］．图书馆建设，2022，（02）：25-31.

[5] 廖晓明，周芯如．文化引领城市公共空间治理研究［J］．长白学刊，2022，（02）：148-156.

[6] 张娅琼．"十四五"时期公共图书馆促进数字包容路径探赜［J］．图书与情报，2022，（01）：118-123.

[7] 蔡志青．群众文化活动理念的创新与科学发展对策［J］．大众文艺，2022，（03）：4-6.

[8] 周建新．群众文化的概念辨析、文化特征与时代内涵［J］．粤海风，2022，（01）：59-65.

[9] 王前．理解县域公共文化服务标准化：理论与实践的双重维度［J］．图书馆研究与工作，2022，（02）：14-18.

[10] 苗美娟．地方公共文化服务保障立法研究——以北京市为例［J］．图书情报工作，2022，66（03）：36-44.

[11] 焦勇勤．我国公共文化服务体系理论建构研究［J］．浙江树人大学学报，2022，22（01）：1-10.

[12] 靳淑琪．地方政府公共文化服务体系建设研究——以山东省济宁市为例［J］．经营与管理，2022，（02）：123-129.

[13] 刘雪梅．安徽省公共文化服务标准体系建设研究［J］．质量探索，2021，18（04）：45-51.

[14] 于春艳."互联网+"公共文化服务供给平台的优化实践路径分析［J］.中国管理信息化,2021,24（21）:195-197.

[15] 高璇."互联网+"时代的公共数字文化服务发展研究——以"淄川文化云"为例［J］.大众文艺,2021,（16）:2-3.

[16] 秦殿启,张玉玮.智慧图书馆文化图式［J］.图书馆论坛,2022,42（01）:80-90.

[17] 杨蕾.论科技创新对实现公共文化服务产品均等化的有效性［J］.齐齐哈尔大学学报（哲学社会科学版）,2021,（07）:92-96.

[18] 李国新.摹画未来指引方向明确任务促进发展——《"十四五"公共文化服务体系建设规划》解读［J］.图书馆论坛,2021,41（08）:1-6.

[19] 赵华.文旅融合下乡村公共文化服务创新体系研究［J］.经济问题,2021,（05）:111-116.

[20] 李少惠,张玉强.公共文化服务创新驱动机制研究——基于模糊集的定性比较分析［J］.国家图书馆学刊,2021,30（02）:22-33.

[21] 王之彤,张文亮.我国公共数字文化标准体系的构建［J］.图书馆论坛,2021,41（07）:59-67.

[22] 肖希明,石庆功,唐义.公共数字文化资源整合的制度供给［J］.图书馆论坛,2021,41（08）:12-19.

[23] 徐延章.智媒体时代公共文化服务蓝图设计［J］.图书馆,2021,（03）:37-44.

[24] 化柏林."数据、技术、应用"三位一体的公共文化服务智慧化［J］.中国图书馆学报,2021,47（02）:40-52.

[25] 李国新.公共文化服务保障法律制度的完善与细化［J］.中国图书馆学报,2021,47（02）:29-39.

[26] 李斯,李秀敏.公共文化服务标准化法律规定的落实与深化［J］.图书馆建设,2021,（02）:19-26.

[27] 金莹,刘艳灵.协同治理视角下公共文化云服务模式的运行逻辑与优化路径［J］.图书馆,2021,（02）:15-21+28.

[28] 赵益民,李雪莲,韩滢莹.公共文化服务可及性研究:美国经验［J］.图书馆建设,2021,（01）:140-146.

[29] 张致嘉.群众文化工作的实践与思考［J］.大舞台,2012（3）:267.

[30] 郭利伟,冯永财,彭逊.共享理念下高校图书馆参与地方公共文化服务研究［J］.图书馆工作与研究,2020,（12）:123-128.

［31］杨晓泉．"十四五"时期公共文化服务高质量发展思考：破解老问题，应对新挑战
［J］．图书馆论坛，2021，41（02）：10-18.

［32］张妍．以文化科技深度融合推进现代公共文化服务发展［J］．沈阳工业大学学报
（社会科学版），2020，13（06）：481-486.

［33］张孝飞，李子．现代公共文化服务体系协同参与机制研究［J］．图书馆研究与工
作，2020，（10）：5-10.

［34］焦燕．图书馆创新公共文化服务浅议［J］．科技资讯，2020，18（26）：186-188.

［35］李莹莹．"互联网+"下公共文化服务体系的创新研究［J］．文化创新比较研究，
2020，4（24）：172-174.

［36］韦景竹，王政．智慧公共文化服务的概念表达与特征分析［J］．情报资料工作，
2020，41（04）：12-21.

［37］陈庚，邱润森．新时代完善现代公共文化服务体系建设的路径研究［J］．江汉论
坛，2020，（07）：137-144.

［38］范周，李渊．科技创新助推"十四五"文化发展新格局［J］．中国国情国力，2020
（12）：7.

［39］邱均平，李小涛．公共文化服务标准体系的基本理论问题研究［J］．重庆大学学报
（社会科学版），2015，21（05）．122.

［40］凌霄娥．图书馆文化传承与文化育人的理论及实践［J］．广西民族师范学院学报，
2021，38（3）：30-35.

［41］贾颖．关于图书馆阅读推广困境与对策的分析［J］．内蒙古科技与经济，2022
（6）：156-157.

［42］和艳会，李和娟，关琼，等．浅谈网络图书馆、数字图书馆、虚拟图书馆的概念
［J］．农业图书情报学刊，2006，18（9）：118-121.